Claudine Maire

DouceDiva
De l'Espoir en Poche

Edilivre

Cet ouvrage a été composé par Edilivre

Immeuble Le Cargo, 157 boulevard Mac Donald – 75019 Paris
Tél. : 01 41 62 14 40 – Fax : 01 41 62 14 50
Mail : client@edilivre.com
www.edilivre.com

Imprimé en France
Texte intégral

Dépôt légal.

ISBN papier : 978-2-414-53922-2

Gratitude infinie à mon Ami « Amarely », artiste peintre, pour le cadeau de son œuvre, sur la page de couverture, reflet du langage en couleurs, de ses émotions, inspirées par les mots de DouceDiva.

« Je parle la même langue que vous, celle du Cœur »

Claudine Maire

Écho de guérison

« Que les mots d'Espoir
Et de guérison de mon expérience,

Résonnent sur terre et dans les airs,
En tous sens,

À l'infini,

Jusqu'à vos vies,

Sans barrière, ni frontière,

Comme l'écho à travers les montagnes »

La rencontre de l'Espoir

J'ai rencontré, sur les chemins qui me menaient à vous, aujourd'hui, à travers les forêts et les prés, vos craintes, vos doutes. Je les ai bien reconnus, car ils sont miens aussi. Ils se cachaient derrière les grandes herbes, foulant le sol de feuilles brunes séchées, se faufilant les uns derrière les autres pour se rassurer, se tenant la main pour ne pas s'égarer.

Alors, je me suis arrêtée pour les rencontrer. Tout d'abord, ils ne voulaient pas s'exprimer. Des perles de sueur coulaient sur leurs fronts, leurs corps tremblaient. Je me suis voulue apaisante, calmante, à travers mes mots, pour les rassurer. Avec le temps qui passait, ils se sont mis à parler, tous ensemble, voulant raconter, soulager leurs peurs, toutes différentes. Plus les mots entre nous fusaient, plus la lumière perçait les nuages pour nous éclairer.

C'est à ce moment-là, que l'Espoir apparut, fringant, grand, fort, avançant d'un pas sûr et léger, tout en confiance. Il posa ses mains sur leurs frêles épaules, leur parla avec les yeux remplis d'étoiles.

Jusque-là, les craintes et les doutes, glacés de froid par les inquiétudes, avaient oublié d'ouvrir leurs cœurs pour respirer, pour échanger, pour vivre. C'est à cet instant, ici et maintenant, aux côtés de leur nouvel ami l'Espoir, que la lueur rejaillit, les traits de leurs visages se relâchèrent, leurs bouches s'ouvrirent sur leurs sourires, et leurs corps se mirent à danser.

Leurs chants résonnaient à travers toute la forêt, ce qui attira l'Amour, descendant du ciel, avec, dans ses bras, la Tendresse, la Douceur, la Tolérance, le Respect, la Joie. Sa puissance s'unissait au vent, apportait la paix jusque dans les veines de nos « inquiets », rassurait leurs âmes quelques heures plus tôt effrayées. C'est dans ce bal, grisé de chaleur et de bonheur, que chacun reprit confiance en lui.

Puis, le temps de la séparation arriva. Il fallait bien, à un moment, penser à se quitter.

Les craintes et les doutes repartirent gonflés à bloc, jusqu'à la prochaine fois que leurs émotions réapparaîtraient. Ainsi étaient leurs vies. Mais l'Espoir et l'Amour veillaient désormais sur eux, et ne manqueraient pas, de revenir dans la froideur de la nuit noire de l'hiver, pour leur montrer à nouveau le chemin de l'Espérance.

N'en doutons jamais, c'est ainsi qu'opère la magie de la vie.

Je vous livre mes mots en toute simplicité.

Soyez heureuses, soyez heureux.

Un coin du jardin de mes mots

Des mots de mon jardin secret, confiés sur ce carnet, exprimés pour ancrer une réalité, pour vous soutenir et vous aider, sur le chemin tortueux, escarpé, du combat contre cet étranger non souhaité.

Vous venez d'entrer dans mon univers, un parmi tant d'autres. Vous en avez poussé la porte. Je vous y attendais.

Les mots que vous trouverez, au fil de mes pas, ont été écrits pour vous. Traversez les allées jonchées d'Espoir, posez-vous. Il se peut que vous vous reconnaissiez, il se peut que vous vous sentiez moins seules.

Nous sommes, comme les millions d'étoiles, qui peuplent notre ciel, si éloignées et pourtant si proches à la fois, parfois lumineuses, étincelantes, et parfois si ternes, si effacées.

Une tranche de ma vie
mon cancer du sein

Plusieurs titres pourraient être donnés à cet article. Celui-ci n'est en aucun cas une plainte, mais un témoignage vivant, pour vous aider à comprendre que tout est toujours réalisable, même dans le plus profond des désarrois. Pourquoi ne pas vous laisser plusieurs options, pour une fois. Vous choisirez le vôtre, chère lectrice, cher lecteur, à votre convenance.

1.
Très modestement et humblement,
comment j'ai transformé mon cancer du sein en victoire

2.
Il est une histoire malheureuse,
qui s'est transformée en fabuleux conte de fée

3.
J'ai troqué ma tenue de garçon manqué
pour un tailleur de femme

Il y a maintenant bien des années, suite à une opération bénigne, mes oreilles ont entendu ces mots horrifiants, que tout le monde redoute : « c'est un cancer »...

Double surprise, catastrophe, ouragan. Il va falloir traverser cette tempête de ma vie. Mais comment ? Subitement, en un quart de seconde, le sol s'ouvre sous mes pieds et je me sens glisser vers le néant. Tout s'écroule. Je ne suis plus ancrée à notre Mère « la Terre ». Je suis, comme propulsée de droite à gauche, contre des parois invisibles. Les sons arrivent à mes oreilles, comme étouffés du fond d'un tunnel. Mes mains sont moites et mon front perle de sueur, mes jambes ne sont plus que coton. Une peur indéfinissable m'envahit. Les larmes coulent sur mon visage... Il fait subitement nuit, si nuit ! Ni lumière, ni soleil à l'horizon, ni souffle d'air frais, qui balaierait, comme par magie, cet instant. Les mots vibrent à l'envers, de travers, je ne comprends plus rien. Il n'y a plus de cohérence. Encaisser cette nouvelle, noire, accuser le coup dans ma tête, dans mon corps. Mes yeux parcourent la pièce, croisent les visages des infirmières. Pourquoi moi ? Le ciel, à travers la fenêtre, est bleu, gris, je ne sais plus. Quelle importance, il pourrait y avoir de la neige ou de l'orage. Et je suis là, seule, dans cette petite pièce d'hôpital insignifiante, à porter cette terrible nouvelle. Il faudra du temps pour la digérer. Que va-t-il m'arriver ? Que vont-ils faire de moi ? Quelle est la procédure à suivre ? Comment cela va-t-il se passer ? Y aura-t-il une sortie ? Si oui, à quoi ressemblerai-je ensuite ? Comment sera mon corps finalement ? Abîmé ? Est-ce que mon Aimé voudra encore de moi ? Notre relation va-t-elle être mise en danger ? Tant de questionnements. Je n'y connais rien. Je vais devoir me laisser faire. Je suis une femme, et étrangement, au moment d'une nouvelle vie, je suis touchée en plein cœur de ma féminité, de ma sensualité, de ma sexualité. Mon gynécologue essaie de me rassurer : « nous allons le vaincre ce cancer », mais sans trop en savoir davantage. Il n'est ni devin, ni magicien. Une épaule s'il vous plait ! Là, tout de suite, à la sortie de ce terrible rendez-vous, en m'en retournant travailler, une épaule pour pleurer, me lâcher, évacuer, un tout petit peu, rien qu'un tout petit peu. Puis, me refermer dans ma bulle, mon désarroi, penser, cogiter, ressasser, ruminer. Elle est là, la toute première épaule, à mon retour au bureau, ma collègue (qui se reconnaîtra), innocente face à mes dires, déconcertée. Touchée en tant que femme, elle partage mes pleurs. Merci à elle. Dans ce difficile périple, mon conjoint est resté. Il aurait pu fuir, me quitter, quitter cette situation. Il ne m'a pas abandonnée. Il a cru en moi, il a cru en nous. L'Amour était plus fort que tout. Il était présent pour me serrer dans ses bras en cette fin d'après-midi. Merci mille fois. Hommage à lui. Malgré tout, je me sens si seule. C'est si lourd à porter. Je viens de retrouver la santé après un parcours difficile de dix années, touchée par une polyarthrite handicapante. Et le parcours du combattant commence. Je vais entrer à l'hôpital en bonne forme. Je n'ai aucune douleur et l'on va me casser, c'est du délire. Après de nombreuses péripéties et toutes les analyses, j'échappe aux gros traitements, mais le verdict n'en n'est pas moins douloureux. Accompagnée de mon fils aîné de 25 ans (mon

Chéri est en déplacement à l'étranger), annonce cinglante, violente, entre deux portes, dans le couloir du service de gynécologie : ablation du sein ! Oh non ! Et pourtant... Je pourrais me faufiler. Mais à quoi bon. Je ne suis pas suicidaire et ne veux prendre un tel risque. Je veux vivre en bonne santé et mettre toutes les chances de mon côté. J'ai tant de choses à découvrir avec l'homme de ma vie. Je ne veux pas rater une miette de mon futur auprès de lui. Je veux aussi, continuer à accompagner mes enfants déjà grands et connaître mes petits-enfants. Je m'incline devant cette décision prise par un consensus de dix médecins spécialisés. Je ferai ce qu'il faut pour guérir. En parallèle, accompagnée de thérapeutes en médecines alternatives, je me renforcerai énergétiquement. Bien des années sont passées, non sans peine, mais... me voici une nouvelle femme dans un nouveau corps. Après une reconstruction mammaire, sous les doigts experts et magiques, à mes yeux, du Dr Hubert Calderoli, cancérologue, chirurgien spécialiste du sein, la glace de notre salle de bain me renvoie une image beaucoup plus sensuelle de mon corps. Ma féminité s'est affirmée grâce à cette rude épreuve. Les courbes de mon corps ne sont plus celles d'une adolescente. Ma personnalité aussi s'en est trouvée complètement bouleversée. Quelle histoire troublante et étonnante. Que la vie est surprenante, lorsque l'on regarde avec du recul, les événements difficiles transformés en heureux dénouements. Les fenêtres sont à nouveau ouvertes. L'air pur de ce début d'été a balayé les nuages d'orage qui peuplaient mes jours et mes nuits, nos jours et nos nuits. L'air pur de ce début d'été a le parfum d'un nouveau bonheur et de la vie, tout simplement. La lumière et le soleil sont revenus. La santé brille à nouveau dans mon corps, coule dans mes veines, illumine mon esprit. Comme c'est si doux, comme c'est si bon. Quel bonheur. Je suis fière d'avoir gagné ce combat, d'en être sortie si grandie, et comme vous pouvez l'imaginer, l'homme de ma vie en est, à tous points de vue, ravi aussi.

DouceDiva

Ne pleure pas DouceDiva.
Le monde demain, s'ouvrira, te sourira.
La lumière brillera de mille éclats.
Tout ne sera que joie.
Il n'en va que de toi,
De te lever le matin, triste et sans voix,
De vivre ta journée dans le désarroi,
Et de te coucher les bras en croix.
Crois-moi, nul ne t'aidera.
Cherche la force, tout au fond de toi.
Ta vie est entre tes doigts.
Garde confiance en toi.

Si l'Amour est là, il t'épaulera.
Sinon, arpente tous les endroits,
Et tu le trouveras.
Dans un coin de ce monde,
Il n'attend que toi.
Ton étoile du berger t'accompagnera, te guidera.
Ne garde rien enfoui en toi,
Exprime-toi.
Suis ton instinct pour tes choix.
Ecoute ton corps mille fois,
Ta petite voix qui te crie :
Bats-toi,

Sois Toi !
La vie est parfois un combat,
Mais elle est entre tes doigts.
Ne t'en fais pas un poids.
Garde foi en toi.
Rebondis toujours comme le chat,
De toits en toits.
Vole au-dessus des chemins,
Légère comme une jeune oie.

Un jour, tes galères seront derrière toi,
A tes petits-enfants, tu les raconteras.
Mais tes secrets, tu garderas,
En souriant de mille éclats,
Autour d'un délicieux repas.
Ainsi, tu leur transmettras la foi,
La foi en soi.

Ne laisse jamais personne te faire douter de toi,
Tu as l'étoffe d'un grand Roi,
DouceDiva.

Étape 1
Au commencement
Tout au début du 1er jour de l'année 2005, 1er jour d'inquiétude

Bonne année mon Cœur ! Tendres baisers, champagne, câlins, douceur. C'est le bonheur.

Nous fêtons notre troisième nouvel an ensemble. C'est le temps de la recherche de notre nid d'Amour. Depuis plusieurs mois, nous visitons appartements et maisons. Nouvelle vie pétillante, sans souci.

Au petit matin, après la fête, en sortant de la douche, mes doigts se posent, par hasard, sur une toute petite boule dure, située sous le sein droit, une boule minuscule. Sueurs, inquiétudes, l'angoisse s'installe. Bonne Année… Que va-t-elle nous apporter ? Pourtant, il faut y aller… avancer, poser mes pieds dans les jours de cette année. Impossible de reculer. Mais pourquoi anticiper ? Je suis peut-être en train de me tromper. Je tente de me rassurer, de te rassurer mon Cœur. Ce n'est certainement rien, juste un kyste bénin…

Étape 2
Doutes
3 Janvier 2005

Échographie. La radiologue cherche « cette rondeur », afin de la situer pour l'examen. Elle ne sent rien, ne la trouve pas. Elle me demande de la cibler. Chose faite rapidement. En 3 jours, je n'ai cessé de la toucher, sous toutes les coutures, dans toutes les positions : bras levé, bras tendu en arrière, épaules rentrées… Elle y pose la sonde de l'échographe. La voici, visible à l'écran. Les mesures montrent une minuscule « chose » de deux millimètres de diamètre. La spécialiste ne peut se prononcer : « cancer ou pas » ? Mauvaise surprise. Je ne m'attendais pas à ce genre de verdict. Peut-être bien que oui, peut-être bien que non. On ne peut faire ni biopsie, ni ponction. « La chose » est beaucoup trop petite. Que faire ? La surveiller de près. Me voici dans un état mi-figue… mi-raisin, basculée entre l'Espoir d'un rien et la peur d'un truc malin. Nous ne sommes pas plus avancés, ni rassurés, mais nous jetons nos peurs, de côté, dans un panier. Mon amoureux s'envole pour un voyage d'affaires à l'étranger. La tristesse emplit mon être.

Étape 3
Rencontre avec « la chose »
A la mi-Avril 2005

« La chose » s'éveille et me parle, me chuchote avec ses mots ; ressentis de quelques premiers tiraillements, retour au galop de mes inquiétudes. Quelques jours avant la fin mai 2005, rendez-vous chez mon gynécologue. Lecture de l'échographie du début de l'année, estimation à l'œil : « ganglion classique, inoffensif ». Solution proposée : opération sous anesthésie locale. On prévoit la date immédiatement : 1er juin. J'arrive à l'hôpital avec ma voiture. Comme convenu, il m'endort localement, m'extrait « cette chose » qui, à mes yeux, ressemble à un kyste. Quelques fils pour la couture, et le tour est joué. Un jour de repos prescrit. Je dépose mon arrêt chez mes collègues, m'en retourne à mon appartement, soulagée, téléphoner à mon Aimé. Nous soufflons. Nous respirons, car nous croyons que tout est bon.

Étape 4
Tout bascule
9 Juin 2005

Pendant ma pause déjeuner, je rejoins l'hôpital le cœur léger. C'est un doux moment de l'été, rendez-vous pour couper les nœuds des fils de l'opération. Allongée, détendue, reposée, les infirmières me soignent avec douceur et bienveillance, comme elles savent le faire dans leur métier. Cela, à cet instant, n'est pour moi, qu'une visite post-opératoire non compliquée. Dans quelques minutes, je m'en retournerai travailler. Le gynécologue me rejoint l'air inquiet, j'en suis étonnée. Habituellement, il est plutôt du genre souriant, enjoué. Je le connais bien. Il me suit depuis 25 années, depuis les grossesses de mes bébés. Mais aujourd'hui, il est là, avec gravité. Il vient m'annoncer les résultats de « la chose » analysée, m'aider à les décrypter, me les expliquer. En une fraction de seconde, tout va basculer. Le mot « cancer » va être lâché. Ce mot d'horreur, sonnant dans mes oreilles, va instantanément me violenter, tels des coups de poignard portés dans ma chair, dans mes pensées. C'est la douche glacée à laquelle je n'étais doublement pas préparée, puisque la « chose » détectée et enlevée, avait été supposée, avant, sans danger. Discrètement et sournoisement, elle avait grossi de 2 millimètres en quelques mois. Tout de suite, je m'effondre. Je passe du sourire aux pleurs incontrôlés. Il me soutient et tente de me rassurer, mais je ne l'écoute plus. Je suis partie loin, hors de la réalité. Nouveau rendez-vous fixé pour être rapidement réhospitalisée. Il va enlever plusieurs ganglions, dans mon bras bien accrochés et effectuer un prélèvement des 4 côtés, autour de la « chose » ôtée. Ce sera le 29 Juin. Je ne veux pas y aller. Dans cet état, je m'en retourne travailler. C'est encore l'heure du déjeuner et de nombreuses personnes sont au réfectoire, en train de se restaurer. Je tombe dans les bras d'une de mes collègues, attristée, désespérée, mais aussi en tant que femme, apeurée.

Étape 4 suite
Dans un tourbillon

Dans l'après-midi de cette terrible journée, cet horrible mot « cancer » ne cesse de m'obséder. Ma tête ne cesse de tourner, de chavirer, tel un bateau dans la tempête, qui va contre les rochers, se fracasser. J'emprunte un chemin inconnu, un chemin étranger. Je ne sais, comment je vais pouvoir continuer à avancer, dans ce tourbillon insensé. Je me sens isolée, flotter dans un brouillard épais, sans luminosité. Je n'arrive plus à me concentrer sur mes papiers. Je n'ai qu'une hâte, rentrer, retrouver mon Aimé qui est secoué, effrayé. Me blottir dans ses bras pour me ressourcer. Il essaie malgré tout de minimiser, de me calmer, d'apaiser mes craintes, de me tranquilliser. Moment si difficile à partager avec lui, moment qui peut nous éloigner, comme nous rapprocher. A cet instant, je ne le sais. Nul ne le sait. Où la route va-t-elle nous mener ? Il est resté avec patience pendant, et toujours avec bonheur jusqu'à aujourd'hui. L'Amour s'en est trouvé renforcé. Dans ses yeux, je le vois sans cesse briller. Il est le soleil de ma vie qui me fait vibrer. Que ce genre de périple, nous soit désormais, épargné.

Étape 5
L'attente

Jusqu'à l'opération déjà notée, enregistrée, je continue à travailler. Rien ne m'en empêche. Je ne suis ni handicapée, ni incommodée. Je n'ai aucune douleur, mais je suis surtout très inquiète. A travers mes activités, je me change les idées, enfin j'essaie. Je ne veux pas rester seule dans mon coin ou à la maison à cogiter.

29 Juin 2005

L'opération de l'ablation des ganglions et la zonectomie se passent comme prévu. Puis, commence l'attente interminable des résultats. A quelle sauce vais-je être mangée ? C'est le début de l'été. Les gens se préparent à s'envoler vers d'autres contrées. Nous avions réservé des vacances avec nos enfants, mais les médecins nous ont obligés à les annuler. Quelle tristesse.

Étape 6
Le verdict
15 Juillet 2005

Le verdict inattendu tombe. Mon amoureux est en voyage d'affaires à l'étranger. Encore très gênée par l'opération des ganglions, ne pouvant conduire, c'est mon fils aîné de 25 ans qui m'accompagne. Il entendra la nouvelle en direct, pas facile pour lui. Les ganglions sont sains, mais le chirurgien a trouvé, aux abords de la chose in situ non diffuse, des microcalcifications, susceptibles de devenir cancéreuses, un jour, peut-être que oui, peut-être que non, nul ne le sait. Par précaution, les dix médecins en réunion statuent : ablation du sein !

C'est du préventif, mais c'est l'horreur. Mes proches sont, tout comme moi, terrifiés. Cependant, une toute petite, toute douce lueur existe : une chirurgie réparatrice est proposée. Ni chimiothérapie, ni radiothérapie, c'est déjà beaucoup de problèmes en moins, à gérer. Mais je replonge, à chaque étape. Les annonces douloureuses, si proches dans le temps, sont comme un couperet violent, comme si, sans y avoir été préparée, ma tête tombait sous la guillotine, à chaque fois. Un cauchemar répétitif. Je souhaite un deuxième avis quant à la chirurgie.

Des mots d'Espoir

Oui, dans mon histoire, il y avait des mots d'Espoir pour m'éloigner du noir. Mais il fallait y croire. La sentence tombe : ablation du sein et chirurgie réparatrice immédiate. Je souhaite un deuxième avis. Je suis orientée par mon gynécologue, et là encore par mes guides, vers le Dr Hubert Calderoli, qui me propose l'ablation du sein et la pose d'une petite prothèse, immédiatement. Puis, si tout se passe bien, un an plus tard, une chirurgie réparatrice (mots merveilleux). Même si la perspective semble heureuse, je n'ose à cet instant l'espérer. Je suis ballottée à travers des mots sans cohérence, des mots sans aucune présence. L'Espoir existe. Les mots du chirurgien le disent. L'Espoir est réel et pourtant, cela relève encore du monde de la fiction. Un mauvais film. J'aimerais être plus vieille de plusieurs années. Mais nous sommes avant, avant la mutilation. Quel horrible mot. Je choisis la patience, ablation du sein, petite prothèse, puis un an plus tard chirurgie réparatrice. Courageuse, en apparence seulement, quelques jours avant l'opération de l'ablation, peureuse au fond dans mes sens. Je rentre en clinique à reculons, mais je reste confiante. A mon arrivée, les mots des infirmières et les mots du médecin sont rassurants. Après les douces étreintes, les baisers tendres et le départ de mon Aimé, le soutien téléphonique de mes enfants et de ma famille, je m'engouffre dans la nuit, timidement, au fin fond de ce lit, étrangement seule à ce moment. Dans ma tête, j'égrène un chapelet de mots d'Espoir jusqu'au petit matin.

Étape 7
Ce fameux matin

Au petit matin… ce fameux petit matin, où l'on va modifier ma silhouette, pour toujours.

C'est un jour de plein été, un jour de début août. Mes proches sont préoccupés, mais ils vaquent dehors à leurs occupations. Ils dorment encore ou ils se préparent pour leur journée avec leurs priorités, leur programme, leur travail. Mes amis, mes collègues, sont partis en Croatie ou en Italie, ou en vacances dans leur famille. Mon chirurgien doit, à ce moment-là, se préparer tranquillement dans sa salle de bain. Les infirmières terminent leur nuit de garde, fatiguées. D'autres, arrivent fraîches comme les roses à l'aube, sourires aux lèvres, ayant laissé leur vie privée à la porte d'entrée de la clinique, pour se dévouer à nous, leurs malades. Dans la ville, les techniciens nettoient les rues. La « city » se réveille, elle aussi. Dans les cafés, l'odeur des croissants chauds parfument les nez, égayent les palais. Le ciel est bien dégagé. Le soleil pointe son nez, la lune est allée se coucher. Strasbourg dort encore à l'heure de l'été, à l'heure des congés pour bien des gens. Et je suis là, au fond de mon lit. C'est un jour à faire n'importe quoi d'autre, sauf à être là. Et pourtant, il n'y a pas d'autre choix. Regarder mes seins devant la glace, sous toutes les coutures, encore une dernière fois, la toute dernière fois de toute ma vie… Avec leurs courbes, mes courbes que j'apprécie depuis des années, que l'homme de ma vie aime tant. D'un certain côté, je suis soulagée de passer à la vitesse supérieure de cette vilaine aventure. Le cancer est résolu. L'affaire n'est plus que chirurgie par précaution, mais quelle étrange chirurgie. On va me casser pour me réparer. J'ai de la chance, c'est vrai. Toutes les femmes touchées par l'ablation du sein ne peuvent être rapidement reconstruites. Pour elles, il est toujours possible, par la suite, après les traitements, plus tard, de faire une chirurgie réparatrice pour retrouver leur physique aux courbes parfaites. Mes thérapeutes sont présents aussi, avec moi dans mon esprit. Je suis rechargée en énergie, en magnétisme, préparée aux oligo-éléments, à l'arnica pour l'opération. J'ai voulu mettre toutes les chances de mon côté. Je m'en remets aux mains de mes guides. Chacune ses croyances… J'affronte les couloirs blancs qui me mènent au grand bloc opératoire, d'où d'ici quelques heures, j'en ressortirai différente. C'est à cet instant de ma vie que je réalise combien nous sommes toujours seules, même lorsque nous avons la chance d'être entourées, ce qui fut grandement mon cas. D'ailleurs, mon Aimé, mes enfants, ma famille, et grand nombre de mes collègues sur les routes des vacances sont aussi en pensées avec moi. C'est rassurant. J'entends les pas des brancardiers, aller et venir. Mon tour ne va pas tarder. Les potions magiques des infirmières me rendent, à cet instant, très zen, j'ose même dire très très détendue. L'état, en lui-même, est fort agréable. J'entre dans la salle d'opération souriante. Je ferme rapidement les yeux sous les doigts délicats de l'anesthésiste. C'est pour beaucoup de gens un beau matin d'été, un matin d'un beau jour de congés. Je suis là pour mon bien-être, pour ma santé. Je suis bien obligée de me convaincre. Le soleil brillera à nouveau demain pour moi, dans un autre monde, dans un autre corps, provisoire encore. Mais rien ne sera plus jamais comme avant.

Mes ressentis après l'ablation

Aujourd'hui, c'est avec un délicieux plaisir que je caresse mes seins et mon corps, dans le bain ou en m'habillant, que je savoure ma poitrine reconstruite. Bonjour et bienvenue à ma nouvelle silhouette. Bonjour ma féminité oubliée. C'est si doux, si rassurant, si séduisant à mes yeux, si séduisant sous la douceur de mes mains, sous la douceur des mains de l'homme de ma vie. Et pourtant, ce matin-là d'août, jour de l'ablation et de la mise en place d'une petite prothèse provisoire, dans mon esprit, rien ne parait si évident, rien ne parait si éblouissant.

L'opération s'est merveilleusement bien passée. Je sors petit à petit de mon sommeil en milieu d'après-midi, enrubannée dans un plastron de bandages, tel un paquet cadeau d'anniversaire. Quel étrange emballage. L'anesthésie a fait des miracles. Je ne suis ni malade, ni incommodée. C'est agréable. Hormis les douleurs normales dues aux postures, mon corps ne me fait pas souffrir. Mes seins dorment tranquillement, cachés pour l'instant. Allongée dans mon lit sans bouger, je me sens bien. Rapidement, je me surprends le jour suivant, à me débrouiller pour faire ma toilette, à me mouvoir, ensuite, tous les jours un peu plus. Finalement, mon buste ne présente aucun hématome. En plus de la compétence de mon chirurgien, les doses d'arnica que j'ai prises, avant et après l'opération, ont certainement aidé. Bien entendu, mon corps n'est pas réparé. La prothèse est petite, provisoire. Je ne peux l'oublier. Le miroir de la salle de bain me le rappelle. Je ne dois pas perdre de vue qu'il m'est donnée de faire une reconstruction dans l'année qui suit, si tout se passe bien. Et pourquoi tout ne se passerait-il pas bien ? Je n'en doutais point. Le parcours de ces jours qui vont venir n'est physiquement pas facile. J'essaie encore et encore de me raisonner, de relativiser. C'est en attendant, une étape supplémentaire franchie. J'avance, nous avançons. Pourtant, tout ce temps je ne cesse dans la rue, dans la vie, de poser mes yeux sur les décolletés, sur les seins des femmes en les enviant, en les jalousant, défaut absent de mon caractère habituellement. Un peu de patience, encore. Le plus dur est derrière moi, derrière nous. Je dis souvent nous, car le cancer du sein et ses suites sont bien évidemment liés à l'intimité la plus secrète, la plus complice du couple et se vivent à deux. J'entame dans la foulée un traitement au Tamoxifène sur plusieurs années. La liste des effets secondaires n'est pas rassurante, mais pour mon confort, je l'ignore volontairement dans ma tête. Deux mois plus tard, je reprends le travail pour occuper mon esprit. J'ai la chance, dans mes derniers jours de congés avant la reprise, d'accompagner mon conjoint au Congo pendant deux semaines. C'est une première pour moi. Je n'ai jamais passé la ligne de l'Équateur. Je suis chouchoutée par tous. Je rencontre même les pygmées au fin fond de la grande forêt équatoriale, sur les bords du fleuve la Sangha, les arbres majestueux, la culture africaine, les habitants, les marchés, la nourriture. Quel beau voyage après un si lourd périple, quelle belle thérapie. Je reviens ressourcée pour reprendre mon rythme de travail normal, en bonne forme, enfin presque physiquement. Le regard de certains de mes collègues se pose sur mes seins, par curiosité.

Étape 8
La révélation

En ce jour de printemps ensoleillé de 2006,
le 17 Mai

Au beau milieu du joli mois de mai 2006, je m'éveille tranquillement et surtout intriguée. L'opération de la reconstruction est enfin terminée. Femme nouvelle ? Je ne sais. Mes nouveaux seins sont cachés, protégés. Ils sont très serrés, encore bandés, pansés, et le resteront encore quelques journées. Patience, semble être le seul mot, qui convienne. L'opération s'est très bien déroulée. Le chirurgien vérifie. Il est très content, tout est en ordre. Au fond de mon lit je souris, je suis rassurée. Le temps me semble long et passe trop lentement à mon goût. De plus, je déteste les endroits médicaux, même si les infirmières s'occupent très bien de nous. Plusieurs jours, plusieurs nuits défilent et arrive enfin le moment si attendu, le moment fou. Un peu stressée, excitée, pressée, le comité restreint constitué de l'infirmière et du chirurgien est prêt. Moi aussi comme vous pouvez vous en douter. C'est un grand moment. Sous la délicatesse des mains de ma soignante, deux coups de ciseaux dans le large pansement et le plastron se détache, descend. Allongée, je jette un œil discret mais éclairé. Bonjour, soyez les bienvenus. Je les vois d'en haut. Comme ils sont beaux. Et maintenant, le clou du moment, le miroir. Je suis très très surprise, ébahie. Ils sont vraiment très, très beaux. Je suis enfin une vraie fille. La joie, le bonheur se reflètent sur mon visage, sur les visages. Je m'empresse de joindre mon Aimé, pour lui faire partager cette merveilleuse nouvelle, d'un moment enfin heureux, qui clôture cette tranche de vie bousculée, parsemée d'instants malheureux. Délicieuse sensation d'être une vraie femme.

Si vous devez subir une ablation, pensez à la reconstruction. N'écartez pas cette solution. Elle peut être, comme pour moi, une révélation.

Dansons, chantons l'heureux dénouement, tous ensemble.

Petite histoire de roses pour égayer nos vies

Roses de l'Amour,
Volez dans nos cœurs,
Tous les jours,
Pour notre bonheur.

Roses des secrets,
Protégez-nous des pleurs.

Roses des jardins,
Enivrez-nous de vos parfums.

Roses en bouquets,
Egayez nos palais.

Roses du matin,
Effacez nos chagrins.

Roses du soir,
Bercez-nous d'Espoir.

Roses de la nuit,
Faites-nous oublier nos ennuis,
Colorez nos vies.

Ma Santé reconquise

Santé, où étais-tu ? Santé, que faisais-tu ? Santé, m'avais-tu oubliée ? Pourquoi t'étais tu détournée ? Vers quel chemin étais-tu allée ? Comment te retrouver ? Quelqu'un pouvait-il m'aider ? Tu étais partie te promener sans moi, tu m'avais abandonnée, tu t'étais échappée de mon corps... Les chemins n'étaient pas éclairés. Je me sentais seule, à mon triste sort, livrée. Il a fallu espérer dans le temps. J'ai consacré mes jours à te chercher. J'ai fouillé partout, même dans les coins cachés. Je me suis informée dans les livres, à travers la médecine, les thérapies, pour te récupérer, émiettée, petit à petit. En parallèle, j'ai œuvré sur ma destinée, soulevé des questions de ma vie à éclairer, changé des croyances. J'ai dû m'armer de courage. Bon an, mal an, aveuglément, sans protocole pour me guider, j'ai enquêté pour te ramener. Grâce à des thérapeutes dévoués, des médecins bien attentionnés, enfin tu es rentrée à la « maison de mon corps ». Depuis, je me sens toute légère, c'est une nouvelle vie qui vient de commencer, un nouveau corps d'une jeunesse inavouée. J'ai même retrouvé des sensations si loin oubliées. Rien n'est jamais gagné, mais j'espère que maintenant, tu vas rester entièrement avec moi. Cette quête m'a fait évoluer. J'y ai dépensé beaucoup d'énergie. Aujourd'hui, elle me sert à vous faire espérer, qu'il y a toujours des possibilités, de retrouver le chemin de votre santé. C'est la mission que la vie m'a confiée.

Ma nouvelle liberté, ma nouvelle Féminité

Il m'a fallu des chemins tordus, biscornus, sans aucune vue, pour me réveiller, me réaliser, pour dévoiler mon authenticité, ma sensualité, ma féminité. C'est toi qui m'as révélée en premier, au goût de tes baisers, à travers ta sensibilité, tes gestes raffinés, jusqu'au plus profond de mon intimité. Puis, comme pour peaufiner, à coups d'épées, le cancer du sein s'en est chargé, avec à son apogée, une nouvelle belle silhouette à apprivoiser, un nouveau look à assumer. Comme un papillon, je me suis métamorphosée et envolée vers mes nouvelles idées, vers ma liberté.

Du cancer vers la santé regagnée

Coucher des mots sur du papier,
Pour vous faire espérer,
Vous faire visualiser,
De la guérison, l'idée,
Et vous transmettre ma réalité,
Du cancer, vers la santé regagnée.

Gardez la foi

Gardez la lumière de L'Espoir, au plus profond de votre regard, pour sortir du tunnel, du noir. Laissez couler la puissance de la foi dans vos veines, jusqu'aux bouts de vos doigts, pour redevenir une femme, une reine.

Visualisez votre santé retrouvée, à la fin des sentiers. Je vous le dis, ça peut marcher. J'y suis allée, je suis remontée, guérie, réparée avec ma féminité retrouvée.

La lumière est à nouveau allumée.

Solitude féminine

Lorsque je suis née, je croyais pour ma vie, à une simple destinée. Il n'en n'a rien été. Elle a été plutôt bousculée, pas bien réglée, surtout chahutée. A la violation de ma féminité, c'était la saison de l'été, les moments de gaieté, pour les filles les bikinis, les décolletés. Mais pour moi c'était l'hiver, froid comme le fer, triste comme l'enfer. Pleurer, crier, hurler. Tout le monde était là pour m'aider, de mon Aimé à mes enfants, de mon chirurgien aux infirmières diplômées, pour m'accompagner dans mon parcours. Et pourtant, je me sentais si isolée, avec des moments de tristesse cachée, des pleurs inexplicables impossibles à partager. Chacun vaquait dehors à ses occupations, lorsque j'étais par obligation, alitée dans cette chambrée confortable. Je me sentais seule, désespérée. J'ai imaginé et rêvé qu'un jour mon corps serait bien réparé avec de nouveaux seins reconstitués. J'allais pouvoir porter de beaux décolletés, juste par défi et par fierté, pour affirmer ma nouvelle féminité. Grand Merci à mes guides, c'est arrivé. Après toutes ces douleurs, tant physiques que morales, tout n'est désormais que poésie, que régal. Me lever, aller travailler, m'agiter, planifier mes journées. Bien des fois, j'ai été dans le désarroi, mais j'ai essayé de garder la foi. Du bout des doigts, j'ai trouvé le fil dans les moments les plus difficiles. Aujourd'hui, je suis à nouveau une vraie fille et comme vous le savez, ce n'est pas futile.

Le temps d'une douleur

Où est la joie ? Plus là. Où est le soleil ? Caché derrière les merveilles. Qui a éteint la lumière ? Elle était allumée hier. Il fait si noir. On ne peut plus y voir. Se livrer à des étrangers pour se libérer des douleurs de son cœur. Écrire, sans rire, dire la vérité, se confier sur le papier, « encrer » ses larmes. Pour un Roi, ayant foi en soi, perdre les pédales, c'est paradoxal. Que la pluie sur mon visage sèche, que la nuit enfin se dépêche. Inspirer, expirer. Laisser entrer l'air frais pour chasser les pensées noires. L'abandon, même pour de cours instants, est néfaste pour l'âme. Accélérer le métronome, avancer de quelques heures le temps, le rêve de chaque homme dans les moments difficiles. S'il suffisait d'un battement de cils pour retrouver le bonheur sur mon île, ce serait si facile.

Comme d'habitude, le ciel bleu reviendra, le gros nuage s'évaporera, la vie me sourira à nouveau.

A travers le monde, ils sont nombreux à nous aider, dans cette étrange aventure de la maladie, à recouvrer la santé, par leur vocation de médecins, chirurgiens, cancérologues. Je souhaite ici rendre hommage en quelques mots à mon chirurgien.

Hommage et grand merci à Vous Dr Hubert Calderoli

Il est là, bien sûr, cancérologue, chirurgien spécialisé dans la chirurgie du sein. Il est toujours là, tout entier, bien entouré de ses équipes d'infirmières, formées spécialement, délicatement, pour nous, désespérées, dans le cancer, la maladie éprouvée, alors que nous nous sentons si abandonnées. Il est, avec les malades, d'un caractère réservé, en même temps humainement très proche, toujours prêt à nous écouter. Même s'il est comme tous débordé, il prendra du temps pour nous rassurer, nous expliquer toutes les complexités de notre maladie, ignorées à nos yeux. Dans ses propos, il n'y a pas d'ambiguïté, pas de phrases détournées. Tout est clair et transparent. Rien n'est caché. Il inspire la confiance, n'ayez de lui aucune méfiance. Dans le parcours de la maladie, c'est une sorte d'alliance, l'espace de quelques temps d'impatience, de réparer notre corps dans tous les sens, sous ses mains magiques, grâce à ses compétences, son expérience et sa grande présence. Il dégage une force tranquille de grands battants. Sur lui, vous pouvez vous reposer tranquillement. Même si la situation est désespérante momentanément, ou malheureusement plus longuement, il mettra tout en œuvre pour vous guérir amplement. Je l'ai rencontré sur les chemins de ma vie. J'ai été bénie. Deux opérations, sous ses doigts en confiance, ont été parfaitement réussies. Il m'a même embellie par les qualités de sa vocation. Je suis si heureuse de mon nouveau physique. Je m'en suis très bien sortie, mûrie, avec mes nouveaux seins, suite au cancer fini. Aujourd'hui, je suis totalement guérie. Je vous dis, pour ma nouvelle silhouette et notre partenariat, merci cher Docteur Calderoli. Je vous en suis reconnaissante à vie. Vous êtes un grand Monsieur, un grand Monsieur qui réparez nos vies, qui les embellissez dans ou après la maladie, autant que possible. Prenez soin de vous, pour vos proches, pour vous, et pour nous toutes.

Les marches de la vie

J'imagine ta détresse. Il faut évacuer, en pleurant si tu peux, aller crier, hurler en forêt, méditer, prier, courir pour éliminer l'agressivité, mais surtout ne pas t'apitoyer. Puis, d'ici quelques temps, tu reprendras le chemin du grand escalier de la vie. Tu remonteras, échelon après échelon, doucement d'abord, à tâtons, puis plus, avec ta foi au fond, courage et force en union, pour aller plus haut, bien plus haut, rencontrer le bonheur digne de toi, qu'il soit ta quête d'Amour, ta quête de santé ou une quête tout simplement. Tu laisseras la brume et le ciel gris en bas, et tu te laisseras guider par l'univers, à la rencontre du soleil, qui ne cessera plus jamais de briller dans tes yeux et dans ton cœur.

Réalité

Le cancer du sein statistiquement, officiellement est le cancer qui se soigne le mieux et dont les guérisons sont les plus nombreuses et les plus fréquentes. C'est un fait établi rassurant sauf, lorsque vous passez dedans. Rien n'est alors plus du tout engageant, tout devient noir, inquiétant. Vous êtes l'actrice, touchée profondément. Il n'y a pas de petits ou grands cancers. Il y a le cancer, accompagné de ses grades, dans la tête c'est la guerre. Chaque cas est différent, chaque malade a le sien momentanément, plus ou moins longtemps. Chaque malade doit apprendre à l'accepter, gérer en plus de la maladie, toutes les difficultés liées. Dans notre cas ici, c'est la féminité, la sexualité, la sensualité qui en sont touchées. Mais je suis là pour témoigner avec d'autres du clan. Nous l'avons, chacune à notre façon, côtoyé, traversé, traité, écrasé, dégagé, éliminé. Nous souhaitons partager nos témoignages, pour vous aider à espérer, et vous montrer que vous pouvez, vous aussi, le tuer.

Ce n'est pas un rêve, c'est la vérité, la guérison est devenue notre réalité.

Cadeau à l'homme de ma vie

A l'homme de ma vie, qui dans cette terrible épreuve en furie ne s'est pas enfui, ni pendant, ni après la maladie, ni aujourd'hui. Il est le soleil de ma vie. C'est grâce à lui que je respire et que je ne vis que par plaisir. Pour le remercier, mes mots couchés.

Un clin d'œil pour toi mon Prince de la nuit

« Après une nuit de bonheur à dormir près de toi, au petit matin, dans l'éclairage de notre salle de bain, je me régale de ta présence. Endormi, fatigué, pensif, rêveur, ailleurs, ou parfois déjà, souriant, très câlin, très coquin, à me caresser, m'aimer du regard, ton corps bouge délicatement, diffusant une douceur, une aura exceptionnelle et unique que moi seule perçois. Sous tes longs doigts fins, le rasoir frôle délicatement ton doux visage, jamais marqué par la nuit. J'aime à te regarder. J'apprécie avec délice, ces moments si simples comme tant d'autres, qui valent de l'or. Ils sont mes pépites. Inutile de m'emmener dormir dans les hôtels les plus classieux du monde pour me séduire, mon bonheur est là, authentique, sincère, en costume d'Adam, dans les lueurs du petit matin, près de moi. Ma journée ne peut qu'en être ensoleillée. »

La valse des mots

Des mots, pour échanger des expériences,

Des mots, pour transmettre des connaissances,

Des mots, pour recevoir du savoir,

Des mots, pour partager,

Des mots, pour ancrer nos histoires,

Des mots, pour libérer des vérités,

Des mots, pour aimer sans compter,

Des mots, pour chanter la liberté,

Des mots d'Espoir,

Des mots sacrés, pour aider,

Pour changer l'humanité,

Des mots de Cœur et d'Amour,

Oui,

Pour supprimer de la terre

Tous les maux.

Un morceau de ma Féminité en moins

Souvenir mémorable isolé, encré (ancré symboliquement) d'un ressenti.

Je me souviens, m'être promenée avec ma famille au bord d'un lac, après cette terrible annonce, regardant les gens souriants sous ce soleil de plein été, autour de moi innocemment, en pleine santé. Pensées à tort. Peut-être avaient-ils, même pour certains, de graves problèmes non identifiés sur leurs visages. Pour la première fois de ma vie, mes yeux se posaient, avec insistance, sur les seins des femmes. Elles avaient (apparemment) les leurs.

On allait m'enlever une partie de moi, une partie de mon corps, à laquelle je m'étais habituée agréablement, depuis bien des années.

Sur l'instant, je perdais mon statut de femme, mon statut de mère symboliquement (fort heureusement j'avais des enfants, le côté maternité n'était plus à gérer), ma séduction, ma sensualité, un sentiment de n'être plus une femme, ni un homme pourtant, de n'être rien, de ne ressembler bientôt plus à rien.

Où tout cela allait-il me mener ? Personne, à cet instant, ne le savait. Je vivais une nouvelle vie avec un nouvel homme, dont j'étais et je suis toujours éperdument amoureuse, et je comptais bien découvrir ce nouveau monde, ce futur ensemble, qui nous tendait les bras.

INSPIREZ !
EXPIREZ !

Laissez l'air frais entrer dans votre tête, dans votre corps pour aérer l'esprit et l'inonder de visions de guérison, d'Amour, de joie, de lumières d'Espoir visualisées.

INSPIREZ !
EXPIREZ !

Laissez l'air frais entrer pour chasser les vilaines idées, les scénarios noirs, les scénarios désespérés, et les transformer en visions colorées.

INSPIREZ !
EXPIREZ !

Utilisez tous les moyens pour vous débarrasser de cet étranger non invité. Contrairement à d'autres maladies graves, des solutions, des chirurgies, des traitements existent, il ne faut pas les négliger.

INSPIREZ !
EXPIREZ !

Vous pouvez sur lui, vous aussi gagner, vous allez gagner. Vous ne devez pas en douter. Alors, la guérison deviendra votre réalité.

Du plaisir
pour le goût de vivre

Dans tous ces moments sans rire,

Où vous côtoyez le pire,

N'oubliez pas de vous faire plaisir.

Il est important que vous retrouviez, petit à petit, le sourire

Et la voie du goût de vivre.

C'est une grande partie de votre thérapie

Métamorphose des instants simples

Comment pourrions-nous apprécier, la beauté d'un lever ou d'un coucher de soleil orangé, un réveil simple auprès de notre Aimé, une forêt embaumant nos sens éveillés, un dîner en tête à tête amusé, une balade à deux dans la campagne enchantée, une nuit mystérieuse sous la lune et les étoiles, la fougue des vagues de l'océan, la splendeur des montagnes enneigées, un bouquet de fleurs des champs parfumées, sans nous être, un jour ou l'autre, à un moment, retrouvées privées, enfermées dans une chambre d'hôpital, handicapées dans une maladie chronique, brisées par une blessure de cœur, violentées dans nos chairs par la mort d'un être aimé, ou face au chômage ? Comment le pourrions-nous ? Seules les âmes meurtries, blessées, peuvent avoir cette conscience éveillée.

Il faut avoir été ou nous être senties abandonnées, rejetées, isolées, incomprises, pour métamorphoser la plus petite minute, en instant de réjouissance. Ainsi de douleurs, de peurs, naissent les tous petits bonheurs, à chaque heure.

Faisons en sorte, de métamorphoser nos instants simples, en bonheur.

Une journée noire, juste une journée fort heureusement

Habituellement, la petite Elfe vit dans un monde de couleurs, parsemé de bleu azur comme le ciel, de jaune vif comme le citron, de rouge sang comme la rose, de vert tendre comme les prés, d'orange comme le fruit. Tout son monde luit sous le soleil. Tout est lumière de vie, tout est senteurs subtiles. Mais aujourd'hui, son univers ressemble à la nuit. Elle erre dans une forêt sombre, tachetée de gris clair souris, de gris foncé charbon, de noir comme le ciel d'orage l'été chargé de nuages énormes, apportant tornades, éclairs et tonnerre, déversant sur le monde des pluies diluviennes. Le sol ce jour est jonché d'embûches, de troncs fracassés par la tempête, d'arbres foudroyés. Elle avance péniblement, avec ses petits pieds, dans un mélange de boue, d'écorces brisées, enjambe avec peine les bois couchés, pétrifiés tout comme elle, au milieu de ce désastre. La faim et la soif la tiraillent. Les myrtilles, les framboises et les fraises sauvages, habituellement si appétissantes, sont écrasées au sol, gorgées d'eau, immangeables. Les ruisseaux se faufilant paisiblement se sont transformés en torrents, amassant roches, pierres de tailles multiples, grondant d'un bruit sourd dans leur course effrénée. Pour rajouter à sa peur, son compagnon s'est échappé violemment de son épaule, apeuré par les cris des animaux déboussolés, fuyants cet endroit, habituellement si paisible. Elle craint de ne le retrouver et ne cesse de crier son nom à tue-tête, larmes de colère emplissant ses yeux, à travers ces paysages immondes. Après des heures de combat, enfin, elle aperçoit une éclaircie. Tout doucement, Mère Nature s'éveille ahurie, de cette bataille en tête à tête avec les forces de la terre. Toute la forêt reprend, seconde après seconde, figure humaine. Tout redevient vivable, respirable. Petit à petit, le sombre s'éloigne pour faire place aux franches couleurs des jours habituels. De ce souffle d'air frais, à travers les taillis et les fourrés, bondit avec surprise le petit chat, non très en confiance encore, mais rassuré et heureux de retrouver l'épaule de son amie et vice et versa. Après avoir versé toutes les larmes de leurs corps, de peurs, d'angoisse, de colère, au beau milieu de cette forêt en chaos, ils retrouvent le sourire, la joie de vivre, laissant derrière eux sans se retourner, ce bien mauvais épisode de leurs vies. Ça ne vous rappelle rien ?

Les joies de la vie d'une Elfe et de son inséparable compagnon

Les joues rougies par le froid, les yeux rieurs, cheveux ébouriffés au vent, la petite Elfe court à travers champs, au cœur des herbes sauvages et des fleurs multicolores et parfumées de mille senteurs. Sur son épaule, son ami, son fidèle compagnon, son petit chat sautille aux saccades de ses pas de joie. Inséparables, ils parcourent le monde. Complices, tous deux dansent et rient sous l'œil attentif du soleil, au rythme du souffle du vent, parmi les chants des oiseaux, du murmure du ruisseau. Soudain, intriguée, elle s'arrête. Ses petites mains douces caressent avec sensualité les corolles jonchées de-ci, de-là. Les unes sont blanches au cœur jaune, en forme de pétales. Un jour, un magicien leur a donné le nom de marguerites. D'autres flashent, tout de jaune vêtu, à plumets mais elle en ignore le nom. Elle les appellera alors plumets. D'autres encore, rouges, si fragiles, portent le nom de coquelicots, elles sont éphémères mais si attachantes. Sous le charme de leurs parfums enivrants, elle y dépose de doux baisers. Voilà toute l'innocence des jours heureux, de l'essence de ta présence, mon Cœur.

Avant mon cancer, autre lutte, une polyarthrite « Comme une amazone, confidences secrètes »

La maladie, jeune, m'a fait souffrir et pourtant tant grandir. Pendant que les autres s'amusaient sans se soucier de moi, dans mon coin, je luttais. Seule, j'analysais, je réfléchissais, je cherchais le chemin vers l'air frais. Je comptais sur l'appui de mes guides, à l'aveuglette, j'avançais. Depuis ma naissance déjà, comme une mauvaise herbe, je grandissais. Mon destin, de cette façon, semblait tout tracé. Fort heureusement, je m'en suis déviée pour retrouver enfin la santé et me métamorphoser en rose sans épine.

A la première saison, pas de place pour la raison, pas de réponses aux questions, avec la famille pas de communion. Je recherchais de la fraicheur, de l'insouciance. Mon mari de cette époque, très occupé professionnellement mais attentionné, m'aidait dans les tâches quotidiennes, quand il pouvait. Mes enfants étaient encore jeunes. En résumé, la guérison m'amenait à chercher tout au fond, avec mes seules amies, mes cellules en fusion. Patience me fut demandée par le destin, rencontres magnétiques dans le cercle de la vie magique me fut proposées. J'en bénéficiai largement, ou, et je m'en accaparai. Les débuts furent douloureux et physiquement malheureux. J'aurais aimé être comme Tous, vivre tout simplement, innocemment comme dans un jeu, tous heureux, avec la santé.

Pourtant, mes articulations restaient figées. Le diagnostic était tombé. Le processus d'auto-destruction s'était installé. Cette maladie, je l'avais côtoyée dans mon enfance, et à mon tour, j'en étais atteinte. Malheureusement, ma mère, tenace, après avoir lutté, sans relâche des années, en était décédée encore jeune, par les complications, les souffrances. Inconsciemment, je commençais à m'enfermer dans ma détresse révoltée. Le combat allait commencer, mais l'issue ne m'était pas montrée. J'étais désemparée, effrayée, mais je ne cessais de travailler. Je ne voulais pas penser à l'avenir sans marcher. Je ne m'étais jamais imaginée ne plus pouvoir bouger, ne plus danser dans les soirées entre amis, ni rester coincée sur un fauteuil roulant. Plus que tout, je souhaitais garder ma liberté, d'aller me promener de septembre à l'été, en voiture ou à pied, dans l'automne aux mille couleurs parsemées, dans la neige soufflée, dans le printemps réveillé, dans l'air estival ensoleillé, sans personne pour me chaperonner. Mais à cette époque, c'était un rêve plus qu'une réalité. J'osais, sans savoir comment, tout de même l'espérer. Le rituel de ma vie était totalement chamboulé. J'aurais tout donné, pour poser les pieds au lever sans rechigner, ni grimacer, me doucher sans penser aux gestes simples, m'habiller seule habilement, nouer mes chaussures facilement, éplucher les légumes aisément, récupérer les gestes quotidiens. Le tunnel semblait long, fermé, froid, non éclairé. J'étais comme une brebis égarée. Un jour, une femme bien intentionnée me guida vers un berger, qui vivait aux confins d'une vallée, où l'on sait encore respirer, où l'on reste encore connecté à la terre et au ciel. J'étais gâtée. Sa volonté était d'aider les malades apeurés, de ses mains, de fluide libéré. Pendant bien des années, de janvier à janvier, nous nous sommes retrouvés pour rééquilibrer mon corps dans sa totalité. L'âme et l'esprit en ont grandement bénéficié. Toute une décennie, nous avons œuvré sur mon mal mais aussi sur mon identité. Petit à petit, mes articulations se sont réconciliées avec mon corps si fâché. Les douleurs ont bien diminué. Je suis redevenue un être entier, réparée, prête pour explorer un nouveau monde sereinement. Mille mercis à mon berger. Loin de chez moi, la maladie m'avait emmenée vers de nouvelles pensées. Le sens de ma vie avait changé. Avec mon bien-être récupéré, ailleurs, je suis allée me promener, pour recommencer une nouvelle existence.

De là-bas, de l'autre côté, Maman m'a regardée. Nous avons parlé. Elle m'avait, tout au long de cette drôle d'aventure, guidée. Elle m'a félicitée pour le chemin parcouru jusqu'à la santé retrouvée. Nous avons ensemble gagné. Nous étions libérées enfin de nos douleurs. Comme un papillon, légèrement, elle s'est envolée vers d'autres cieux, pour toujours se reposer.

Quant à moi, depuis, j'ai exploré aux bras de l'homme de ma vie, l'Europe, l'Afrique, la Polynésie, l'Amérique du Sud et rencontré les pygmées. Sur le bord de la rivière, comme un chat, je me suis longuement étirée. Depuis si longtemps ça ne m'était plus arrivé. C'était délicieux de retrouver l'agilité de mon corps. Cette amie, comme je la qualifie, m'a fait avancer, changer, évoluer, aider à devenir qui je suis aujourd'hui. Elle m'a ouvert les yeux sur le monde et la vie, apportée une ouverture d'esprit, aidée à changer mes croyances, elle ne m'a jamais trahie. Elle a été dure dans sa franchise. Le combat fut court et long à la fois. Je l'ai accepté. Avais-je le choix ? Oui. Je pouvais tout aussi bien baisser les bras… J'ai sorti mon armure, puisé au plus profond de mon être, afin de trouver la force et la foi en ma guérison. En bonne « Amazone » je l'ai vaincue.

Merci à mes guides, merci à mes anges, merci à tous.

Solutions

Je sais ô combien le mot cancer fait peur. Et pourtant, il existe sur cette terre tant de pathologies aussi graves que ce fléau du siècle, où la médecine est impuissante, et qui peuvent parfois aussi, être mortelles. Toutes les maladies orphelines, dans lesquelles les malades n'ont de choix que de subir, faute de connaissances, toutes les maladies chroniques et évolutives aux lourds traitements avec parfois des issues fatales, à tout âge malheureusement.

Il ne faut pas oublier, que pour le cancer du sein, une fois cerné, il existe des solutions, j'en conviens, pas très réjouissantes, mais des protocoles sont établis, des médications sont mises en place, des chirurgies sont programmées et réalisées.

Gardez l'Espoir au fond de votre âme. Qu'il irradie votre corps et vous guide vers la guérison.

Dans la vallée des couleurs

Dans la vallée des couleurs,
Ne plane pas la peur.
A toutes les heures,
Son parfum respire le bonheur.

Le bleu, ah, le bleu,
Tout comme tes yeux règne, majestueux.

Le blanc tapisse tous ses flancs.
Ses reflets innocents, de pureté nous rend.
Personne n'y ment, c'est si reposant.

Le jaune apporte joie à la faune,
Il est l'essence.
Nul ne peut se passer de sa présence.

L'orange, partout se mélange, à travers les branches.

Le rouge, sans repos, bouge à foison.
Il est la vie,
L'Amour, la passion.

Le vert aime à se parfaire,
Il est l'oxygène de notre terre.

Le brun, sous nos pieds, nous garde ancrés,
Ainsi nous restons équilibrés.

DouceDiva, viens, donne-moi la main,
Ici rien ne nous atteint,
Tout y est si bien,
Tout y est serein.

C'est la vallée des couleurs.
A toutes les heures,
Son parfum respire le bonheur.

Peignez votre vie en couleurs

Elle chante la vie

A travers les mots de ce périple, exprimés dans ce livre, à travers les situations désespérantes vécues, à travers les annonces cinglantes, tout au long de ces articles, ne perdez surtout pas l'idée de la conquête d'une nouvelle féminité, d'un corps merveilleusement réparé, d'un combat dans le placard rangé, de la maladie terminée, d'une nouvelle vie enchantée.

Elle chante ma vie d'aujourd'hui, trouvez le chemin, et faites chanter la vôtre.

Pensées pour des oubliés

Dans cette horrible aventure, tout le monde est toujours attentif aux malades.

« Comment vas-tu ? Comment te sens-tu ? As-tu besoin de quelque chose ?

Comment puis-je t'aider ? » etc... Il est évident que les malades ont besoin d'être soutenues, chouchoutées, entourées, mais il est une personne que l'on a toujours tendance à négliger, à oublier. Qui ? Pardi, le mari, le conjoint.

Lui qui vit auprès de la malade,

Lui qui partage sa vie,

Lui qui l'aime,

Mais, Lui aussi qui a peur,

Lui qui donnerait tout pour qu'elle guérisse,

Lui qui a l'habitude de la protéger,

Lui qui, à ce moment-là, se sent désemparé, impuissant, devant ce fléau qui s'abat sur leur vie amoureuse,

Lui qui, à sa façon, va l'accompagner dans les difficultés, tout au long de ce combat,

Lui qui est peut-être touché par les problèmes de sexualité, de sensualité,

Lui qui souffre en silence, et dont personne ne se soucie dans cette période...

Lui, à qui l'on ne demande jamais : comment vas-tu ?

Et pourtant, Lui aussi a ses souffrances...

Ne jamais oublier la personne qui partage la vie de la malade dans ces moments, car Lui aussi existe. Son Amour est très important dans le processus de la guérison.

Pensées et remerciements à tous les hommes qui connaissent ou ont connu cette lutte contre la maladie, plus ou moins longtemps.

Pensées à tous ceux qui sont restés pendant, pensées à tous ceux qui sont restés après et maintenant.

Que tous en soient, pour toujours, épargnés.

Vos seins

Vos seins seront peut-être différents, demain, ou absents momentanément, sans téton, sans plus rien. Ne les cachez pas sous vos mains. Apprenez à apprivoiser votre nouveau corps, tout doucement, à le toucher pour commencer sous la mousse dans votre bain, si vous le pouvez, à le regarder avec attention et yeux câlins dans le reflet du miroir le soir, le matin, à lui parler.

Traiter à votre façon votre chagrin, mais garder au fond, force, foi et entrain. Visualisez votre parcours serein pour reconstruire votre silhouette en mieux, en bien. La chirurgie, les prothèses vous reconstruiront sous les doigts des chirurgiens avec beaucoup de soins. Un jour prochain, plus ou moins lointain, au bout du chemin, votre corps sera enfin, autant, ou bien plus qu'avant, féminin. Ce sera, croyez-moi, un sentiment divin de vous découvrir une nouvelle silhouette, une nouvelle peau et d'avoir de beaux seins en pleine santé.

Bientôt

Vous serez légères comme une plume,
Débarrassées de tous vos tracas.

Vous vous laisserez porter
Par les plaisirs simples de la vie.

Crois-moi

Je viens du même périple que toi. Traite les difficultés mais ne baisse pas les bras. Je suis juste, quelques années après toi. Je te dis :

« DouceDiva, viens ici, viens jusqu'à moi. Avance doucement, pas après pas, sur ton chemin de croix. Car, crois-moi, il y a une très belle vie après ton combat, où tu séduiras chaque jour l'homme de ta vie, où le soleil chaque instant luira, encore bien plus que tu ne crois. Cherche ta force, puise-la tout au fond de toi, pour qu'en guérison, elle se déploie. Alors, tu seras émerveillée de tes résultats. À ton tour, tu transmettras ta foi de la guérison possible en soi. Je sais ce que tu traverses, crois-moi, viens DouceDiva, je t'attends ici et maintenant.

Nous fêterons ensemble la victoire de notre combat. »

Petit conseil d'amie très pratique

Si vous devez être opérées des seins, pensez à acheter pour votre séjour à l'hôpital, un pyjama boutonné entièrement.

Il vous sera ainsi, plus facile de vous habiller, déshabiller pour prendre votre douche et pour les soins des infirmières.

S'il est de couleurs gaies, il illuminera un peu ces moments contraignants.

Cela rendra votre séjour légèrement plus agréable.

Sur l'autre rive

Empruntez le pont qui vous mènera à nous toutes, à la santé. Soyez moins effrayées, soyez moins apeurées. Après avoir été touchées par les éclairs des annonces noires, après avoir piétiné les ronces du désespoir, après avoir traversé la rivière des sanglots devenue torrent, après vous être aventurées dans l'inconnu sur des rochers glissants, après avoir lutté contre les effets violents des traitements ou visité les salles blanches des blocs opératoires, après avoir côtoyé trop souvent les infirmières, les médecins de l'Espoir, rejoignez-nous sur l'autre rive, de l'autre côté, là où l'herbe a repoussé, là où les fleurs multicolores jonchent les prés, là où les oiseaux chantent en liberté, là où nous sommes enfin réparées, là où nous avons retrouvé une belle féminité, là où la vie normale a repris son cours, a repris un sens enchanté. Venez, nous vous attendons toutes, heureuses d'avoir triomphé.

Soyez rassurées. Empruntez le pont qui vous mènera jusqu'à nous, jusqu'à la santé.

Vous êtes uniques

Tout au long de votre bataille, vous croiserez des gens bien intentionnés qui vous raconteront des horreurs. N'écoutez pas les fables dramatiques de leurs bouches. Elles concernent d'autres histoires de vie. Évitez-les, renvoyez-les à leurs occupations si vous ne pouvez les entendre.

N'oubliez pas, c'est important, l'histoire de votre cancer est unique. Elle ne ressemble, en aucun cas à aucune autre histoire, même si certaines similitudes existent. Vous ne devez, vous projeter, sur les histoires d'aucune autre femme touchée par ce fléau du siècle. Votre façon de gérer la maladie est unique. Elle est la vôtre.

Votre conjoint, vos enfants, votre entourage, vos amis sont les vôtres. Ils sont uniques et réagissent en tant que tels.

Vos médecins, votre cancérologue, votre chirurgien sont les vôtres. Ils sont pour vous, en fonction de vous, uniques.

Vous avancerez doucement, à tâtons en fonction des résultats.

Inspirez-vous seulement de tous les combats gagnés. Ayez foi en la guérison, visualisez-la. Ce sont vos pensées qui vous aideront à tracer votre route jusqu'à la lumière.

Votre histoire est tout comme vous, unique.

Ne l'oubliez pas tout au long du périple.

Laissez le temps au temps

Prenez le temps qui vous sera nécessaire pour gérer cet ouragan qui s'abat sur vous et bouleverse toute votre vie. Prenez le temps pour digérer toutes ses conséquences, si traitements ou ablation vous sont annoncés. Ne vous précipitez pas, laissez le temps au temps. Lors de vos changements physiques liés au cancer ou à ses suites, soyez, en plus de tout le reste, patientes avec votre conjoint. Acceptez de comprendre qu'il n'a pas forcément la même approche que vous. N'en soyez pas blessées. N'oubliez pas qu'il n'est que spectateur et si impuissant à vous aider. Ce n'est pas toujours, pour lui non plus, si évident. Il gère sa souffrance à sa manière. Il est aussi touché, mais ne peut vous l'avouer, il a peur de vous froisser, d'être maladroit parfois. Laissez-le gérer le périple à sa façon. Ne remettez pas son Amour en cause. Il vous aime. N'en doutez pas.

Le conjoint, très souvent, a besoin de patience pour approcher cette situation, pour l'apprivoiser.

Car la peur, les peurs l'emportent. La peur de la maladie et de ses conséquences, la peur de l'inconnu, la peur du changement, la peur d'une féminité modifiée, qu'il est le seul à partager avec vous, dans la complicité de votre intimité. Le « cœur du couple » est blessé, laissez le temps au temps. Si vos seins doivent être touchés, modifiés, diminués ou enlevés, il en sera aussi très effrayé.

Il ignorera peut-être votre silhouette dans un premier temps, puis, approchera tout doucement, au fil des jours, sa main timidement, se permettra de partir à la découverte de ce nouveau corps plus franchement, puis étonné, sereinement, franchira toutes les barrières jusqu'à toucher facilement vos seins, ceux de la femme qu'il aime plus que tout, sincèrement. Il aura alors surmonté ses peurs avec le temps. Laissez le temps au temps.

Cette nouvelle drôle d'aventure, étonnamment, vous rapprochera. Je vous souhaite qu'il en soit ainsi.

Triptyque de ma nouvelle Féminité « Revivre en 3 volets »

Les moments sont suffisamment mémorables pour les imager sous le symbole d'un triptyque.

Premier volet, il ne me reste presque plus rien ; après l'ablation des 11 ganglions et du sein, simplement une petite prothèse provisoire en vain. Le tableau manque de formes, manque « de chien », il est pourtant peint mais d'un goût vilain.

Deuxième volet, le fond est d'un bleu marin. Une lueur intense jaillit de rien. Il y a du bonheur coloré dans tous les coins. Sous l'image renvoyée du miroir ce matin, à travers les yeux attentifs de mon chirurgien, je découvre mon nouveau corps si divin, mes seins si harmonieux comme ceux d'une mannequin. Je rayonne de mille joies, je revis, enfin nous revivons. Je suis pratiquement au bout du long chemin.

Troisième volet, pour l'instant je le méconnais, mais je vais vous l'expliquer sous ces quelques traits. Ce sera l'instant de la cerise sur le gâteau. Le chirurgien se changera en couturier de haut niveau. Il empruntera à ma cuisse quelques découpes de peau, confectionnera à l'identique le téton, dessinera quelques points de tatouage tout autour, en rond, et terminera ainsi mon sein pour de bon. La boucle sera bouclée, tout sera reconstruit en totalité. Les yeux de mes collègues, des femmes intriguées pourront sur eux, se poser. Les suites du cancer seront arrivées au bout du sentier.

J'affirmerai intensément ma nouvelle féminité, en portant de superbes décolletés, surtout pour ce dur combat de la santé gagné.

La cerise sur le gâteau

Il était tout rose, tout délicat, pigmenté de petits points mouchetés. Il vivait caché sous mes décolletés et pointait le bout de son nez à mon Aimé pour être embrassé, pour être caressé.

Pourtant, il a fallu lui aussi l'enlever, pour me protéger. Maintenant est arrivé le moment tant espéré. Bientôt, mon sein sera reconstitué en totalité, peaufiné grâce à la pause d'un vrai mamelon bien imité. Tout autour, l'aréole sera même tatouée pour recréer parfaitement la réalité. Mon chirurgien appelle cet instant rêvé, celui de la cerise sur le gâteau, car le nouveau sein arrive à son apogée tout comme un fruit sur un dessert posé. Comme vous l'avez lu, à travers mes textes exprimés, tout au long de mes mots couchés, aujourd'hui vous pouvez constater, que mon histoire se termine en beauté. L'heure est enfin arrivée où mon sein retrouvera bientôt sa dignité.

Elle chante ma vie, faites chanter la vôtre.

Aujourd'hui

Aujourd'hui, dans ma vie, je déguste de tous mes sens, partagée avec mon aimé, mes enfants, mon petit-fils, en cadence, ma nouvelle existence comme si tous les jours n'étaient que vacances. Bien entendu, avant cela il m'aura fallu de la patience jusqu'à la finalité de ma récompense, jusqu'à la finalité de notre récompense.

La vie des seins

Les seins sont à l'origine de la vie, ils nourrissent l'enfant qui grandit. Les seins sont le symbole de la féminité, ils demandent une attention passionnée. Les seins sont la source de la sensualité, ils réveillent le désir des hommes attentionnés. Les seins sont à l'origine du plaisir des sens éveillés, ils adorent être câlinés, être caressés. Les seins aiment être bien habillés de dentelles, de coton, de soie ou satinés, blancs, noirs ou colorés, avec un string, un tangua ou un boxer coordonné, de marque ou en toute simplicité, en fonction du moment indiqué, pour la ville, le travail, la campagne, les soirées en amoureux ou les dîners. Ainsi, les seins aiment parader sous de plongeants décolletés ou plus cachés, pour se laisser deviner, laisser l'imagination vagabonder. Certaines personnes pensent, que c'est une attitude déplacée que de les afficher, mais les seins affirment, de la femme, la féminité. Pourquoi s'en priver.

Les seins doivent, au maximum, être préservés de toutes les agressivités. Ne les montrez jamais aux yeux du soleil d'été, ils détestent être exposés, nus. Si pour des raisons de santé on vous les a momentanément enlevés, dès que vous le pourrez, pour les récupérer, un petit conseil, faites-vous réopérer. Ils seront encore plus beaux qu'ils n'étaient. Vous retrouverez ou découvrirez alors, une nouvelle féminité cachée à l'intérieur de vous, mais réalisée à l'extérieur, exposée, affichée.

L’étranger

L’horreur, la catastrophe. Il était là cet intrus, cet étranger non désiré, non souhaité, cet ennemi non invité dans ma vie, entré sans tambour, ni bruit, sur la pointe des pieds telle une petite souris ou plutôt telle une furie. Il a été découpé de mon corps, puis on l’a identifié, mais de mon esprit, impossible de le déloger, ni d’un coup de balai, ni d’un coup sur la tête. Le coup sur la tête c’est moi qui l’ai pris. À l’annonce surprise de son arrivée, j’ai dégusté. La pilule a eu du mal à passer. Il m’a fallu un bon moment pour la digérer. J’ai dû apprendre à accepter sa présence, et surtout ses conséquences, partager chaque seconde avec lui. Plus d’intimité, plus de moment de répit, même dans mon sommeil il partageait notre lit. J’ai dû apprendre à le regarder face à face dans les yeux, ne pas enfouir la tête dans le sable pour l’ignorer, trouver un stratagème d’élimination, et lui tordre le cou, l’étouffer, jusqu’à le tuer. Fort heureusement, dans ces moments-là, nous sommes aidées par des spécialistes bien informés et bien formés pour nous soigner, nous réparer. Mon cas a été traité à l’aide d’aiguilles et de bistouris, à travers la couture, la chirurgie. Chaque histoire est différente, pour moi il en a été ainsi. Après ces interventions, toutes ces mains sur mon corps pour élimination de tous les dangers, pour réparations, vous connaissez ma belle satisfaction, tout à la fin, ma reconstruction. Nous avons trouvé, pour cet étranger venu sans permission, le chemin vers sa destruction finale. C’est l’histoire courte d’un corps en révolution, en reconstruction.

Pas de hasard, que des rendez-vous… Une jolie rencontre

Il est possible, qu'aux détours des couloirs des hôpitaux, dans les salles d'attente de vos médecins, vous fassiez des rencontres hors du commun, des rencontres sympathiques, apportant de l'eau à votre moulin, apportant de nouvelles visions de la vie. C'est à la sortie de l'opération de l'ablation des ganglions, en salle de réveil, un peu droguée encore par l'anesthésie, que j'ai fait la rencontre de cette charmante femme, de quelques années, mon aînée. Contrairement à moi, elle sortait d'une opération bénigne, mais à cet instant, ce détail n'avait pas d'importance. Nous naviguions dans le même bateau, partageant la même galère. Nous n'étions que toutes les deux dans cette grande chambre impersonnelle, une salle de réveil située près du bureau des infirmières, qui veillaient sur nous bon pied, bon œil. Nous étions perfusées, en grande forme pour l'endroit d'où nous venions. Mes proches m'avaient trouvée quelque peu originale, avec des propos fantaisistes mais très gaie et très souriante. Aujourd'hui, ils vous diraient que je divaguais. Forcément, à ce moment-là, les douleurs étaient absentes et nous n'étions absolument pas incommodées des suites de notre sommeil chimique. On fait bien des miracles de nos jours dans ce domaine. Petit à petit, au fil des minutes qui défilaient, côte à côte, nous avons lié connaissance, osons même dire, copiné ensemble, comme si, nous nous étions rencontrées autour d'un café sur une terrasse, en nous racontant nos expériences personnelles. Nous partagions des points de vue identiques. Nous avions toutes les deux, la conscience d'une analyse et d'une compréhension de nos vies, afin de guérir de nos maux, d'évoluer et d'ouvrir notre esprit. Étrangement, nos noms de famille étaient, à un cheveu près, identiques. Après plusieurs heures de discussions, les infirmières nous ont, à notre grand regret, séparées, prétextant l'arrivée d'une césarienne. Jamais cette jeune maman n'a été vue en salle de réveil. Plusieurs jours plus tard, la vérité nous a été confiée. Les soignantes, nous ayant trouvées très agitées, avaient décidé de nous éloigner, comme à l'école, afin que nous puissions nous reposer et récupérer de nos opérations. Nous nous sommes revues pour une discussion plus longue, et avons échangé les coordonnées d'une thérapeute, qui nous a, toutes les deux, bien aidées. Pensées pour notre énergéticienne Annick, pensées pour mon amie.

Clin d'œil d'une rencontre d'un instant court, très enrichissant.

Petites séances

Pendant bien des années, en femme disciplinée, je m'étais imposée, sur les conseils des médecins bien avisés, en matinée ou en soirée, une petite séance d'autopalpation de mes seins éveillés, pour me surveiller, pour les surveiller. Puis, bon an mal an, je ne l'ai plus pratiquée, car des boules en fonction des jours sous mes doigts, apparaissaient. Mes examens annuels montraient la santé. Rien ne m'inquiétait. Comme vous le savez, selon les jours du cycle de la femme, difficile de faire la différence, pour nous non spécialisées, entre le suspect et le vrai, entre le mauvais et le normal. Tout se passait pendant très longtemps très bien. Il n'y avait rien.

Un petit rappel, un conseil : ne négligez pas ce geste automatique d'autopalpation, ne dérogez pas à vos contrôles radiologiques. Voyez régulièrement votre gynécologue.

Pour mettre toutes les chances de mon côté, pensées pour mes thérapeutes en médecines alternatives

Je n'ai jamais remis en cause, ni ignoré, ni voire rejeté les diagnostics, ni les solutions apportées par les médecins que j'ai rencontrés. J'ai été bien disciplinée. Je les ai écoutés. Je me suis inclinée à leurs décisions mûrement réfléchies, apeurée, mais sans rechigner. Pour mettre toutes les chances de mon côté, pour me recharger en énergie, soulager mes souffrances, apporter un calme mental, une paix intérieure et un bien-être général, j'ai rajouté des séances en médecines parallèles. Dans ces moments de tourments, ces thérapeutes ont été mes bouffées d'air frais, de précieux accompagnants.

Pensées pour ***DIDIER***

Je me suis tournée vers mon magnétiseur Didier, mon berger comme je l'ai appelé, vers lequel mes guides, à travers une femme bien inspirée, m'avaient un jour guidée. M'ayant tant aidée, à récupérer la légèreté de mes articulations, leur flexibilité, pendant dix années, à endormir ma polyarthrite héritée, j'ai sollicité ses capacités, en ce bel été. Il était présent pour m'accompagner dans ce nouveau parcours, rééquilibrer mes chakras, ré harmoniser mon corps désespéré avant, m'aider à remonter la pente escarpée après les opérations diverses et variées, m'aider à retrouver la mobilité de mon bras, de mon côté opéré. Il est mon thérapeute mais aussi un précieux ami de ma vie pour l'éternité, qu'il soit ici ou ailleurs.

Pensées pour ***ANNICK***

Pour compléter, j'ai aussi œuvré globalement sur ma santé, toujours en énergie, avec recommandations d'oligo-éléments, de phytothérapie et aussi un peu d'homéopathie. Je me suis débarrassée de certaines « vieilles casseroles » accumulées depuis l'enfance, ce qui m'a éclairée et orientée vers de nouveaux sentiers, avec la thérapeute conseillée par ma complice de l'hôpital, vous vous souvenez ?

Gratitude infinie.

Pensées pour ***YVES***

Au gré du vent, un jour, à la ferme de mes ancêtres rénovée, dépoussiérée, mise en beauté par ma sœur et son mari, j'ai fait la connaissance d'un homme bien attentionné, occupé à moissonner les blés, loin de tous soins, et pourtant… Il a proposé de me rééquilibrer en énergie, au travers de séances de Reiki. Merci aussi à lui, pour sa disponibilité à mes côtés, dans cette période très perturbée.

Pensées pour ***CATHERINE***

Lors d'une séance de chi gong, une soirée après l'ablation terminée, elle était là, mystérieuse, chaleureuse, réservée, charismatique. Nous avons échangé des idées, discuté. Le feeling entre nous s'est immédiatement installé, fluide, naturel.

S'en sont suivies, ponctuellement, des séances riches, qui ont déblayé de vieux blocages ancrés et m'ont fait avancer.

A notre rencontre, j'ai eu le sentiment de retrouver une amie, perdue de vue depuis des décennies, l'étrange impression, d'avoir traversé, avec elle, mille vies, depuis la nuit des temps…

Elle est et reste comme une sœur de l'éternité, dans mon cœur.

Reconnaissance.

Le fil de l'Espoir

Ne perdez pas Espoir, jamais. Le parcours ne sera pas simple, mais attrapez le fil et trouvez le chemin qui vous mènera au bout du tunnel, là où le soleil luit, où les prés refleurissent. La santé vous y attend. Croyez en votre guérison et elle se réalisera. Ne perdez pas de vue le but. Vous êtes la seule actrice de votre vie. Ce ne sont pas des mots futiles jetés sur un papier ou un écran.

Ce sont mes mots d'expérience tout simplement.

Le goût de la vie, l'éveil de vos sens

Lorsque la pluie assombrit votre visage, lorsque votre ciel n'est plus que nuages, cherchez la lumière, la lueur d'un autre temps, d'un autre âge, réveillez votre « Moi », vos sens. Inondez votre esprit de l'innocence de votre enfance, du parfum de l'amour, de l'essence d'une soirée câline, lovés tendrement en amoureux, de l'odeur d'un café chaud fumant à l'aube, du goût des fraises au printemps, de l'ambiance d'une soirée heureuse entre ami(e) s, de la senteur subtile d'une rose dans un jardin aux mille couleurs, de la chaleur du soleil caressant votre peau sur une plage dorée, de la lueur rouge d'un lever de soleil sur la plaine embrumée, de la saveur de plats raffinés, de la douceur d'un bain chaud parfumé aux mille senteurs, du bruissement du vent léger dans un bouleau d'âge confirmé, de la beauté d'un mimosa en fleurs, du contact d'une main accueillante, d'un sourire, d'un visage amical. Animez-les, éveillez-les. Faites-les émerger, danser, en une ronde sans fin, effrénée. Ils sont vos délices, là, sans malice, ni caprice. Ils sécheront vos pleurs. Laissez-vous envahir de leurs douceurs pour apporter force et Espoir à votre cœur. Les jours ne doivent être ni sacrifices, ni supplices. Est-ce extravagant de traverser la vie en chantant ? Extravagant ou dérangeant ? Certainement, aux yeux de certains gens. Ne vous en préoccupez pas un instant. Éveillez vos sens et vivez pleinement, ici et maintenant.

Une danse des mots
de DouceDiva

Quelques douces et délicieuses ondes orangées
Ont traversé mon univers,
À cette période chahutée et escarpée.
Elles ont dansé divinement,
Illuminé mes difficiles instants.
Elles m'ont insufflé la Vie,
Au milieu d'un avenir craintif
Et pour moi fini.
D'elles,
Est née DouceDiva,
Pour vous toutes.

La ronde de l'Espoir

Prenez ma main DouceDivas.
Réunissons-nous toutes, d'ici, pas à pas.
Que la ronde de l'Espoir se construise de notre foi.

De ces pages, rassemblons les mots pour nos voix.
Que leurs échos rayonnent des milliers de fois.
Jusqu'où ? On ne le saura pas.
Loin, très loin, tout là-bas,
Pourquoi pas,
Jusqu'à Ushuaïa.

Faufilons-nous à travers la grande toile d'araignée.
Dansons pour éveiller les âmes désespérées,
Pour leur apporter la lumière de la guérison rêvée.
Qu'elle devienne, aussi pour elles, réalité.

Ne lâchons pas nos mains.
Agrandissons le cercle à chaque instant, sans fin.
Qu'il fasse le tour de la terre demain.
L'Espoir est permis, sachez-le bien.

Un mal pour un bien

Adieu. Votre sein est mort dans l'ablation. C'est un deuil. Après l'opération, il faut en gérer l'acceptation, puis l'intégration dans votre corps comme une nouvelle peau.

Bienvenue. Votre sein renaît grâce à une nouvelle fusion, une prothèse ou une reconstruction naturelle. Quelle magnifique satisfaction.

C'est une naissance, un bouleversement, une révolution.

Apprivoiser

Il faut apprendre à apprivoiser votre nouveau sein, l'intégrer à votre corps, à votre silhouette, à votre tête. Pour faire connaissance, n'hésitez pas à le toucher, à le masser. Pour vous habituer, n'hésitez pas à lui parler, à le regarder, nu, puis habillé, sous un pull ou un joli décolleté.

Il est votre nouvel ami. Celui qui vous redonne goût à la vie après bien des péripéties.

Il vous épanouit dans votre vie de femme accomplie, dans votre vie de couple, aujourd'hui.

Un avant, un après

Il y a eu une vie avant le cancer. Il y aura une vie après le cancer. A son annonce, vous avez perdu pieds sur terre. À sa guérison, vous allez pouvoir retrouver la saveur de l'air, un air parfumé de sérénité, de bien-être, loin des galères. Une nouvelle vie vous attend. Après cette révolution, il y aura une réinsertion dans le monde de la civilisation. Vous allez réintégrer le clan des gens en bonne santé, tout naturellement. Mais vous ne serez plus jamais comme avant. Votre caractère, vos attitudes, auront pris un nouveau tournant. Vous aurez grandi, appris certaines leçons en sortant de la nuit, trouvé une nouvelle ou votre véritable identité. Cet ouragan vous aura indéniablement changées. Comment ? Personne ne le sait vraiment. Chacune réagit différemment et personnellement. J'espère que ce sera, pour vous aussi, positivement. Vous aurez peut-être révisé certaines de vos croyances, adapté votre vie à de nouvelles consciences. Là, à la fin du périple, votre vie prendra une nouvelle importance, prendra encore beaucoup plus de sens. Vous voudrez profiter, chaque minute pleinement, de votre existence, sans vous occuper de tracasseries de bas étages, d'insignifiances…

… et avant tout, surtout, vivre. Soyez confiantes.

Le visage du bonheur, de la victoire

Vos yeux pétilleront de joie, votre sourire reviendra, votre visage s'illuminera à nouveau, après votre combat, loin des tracas. Vous récupérerez votre pas, votre pas sûr et sans poids, vous redresserez vos épaules, dos droit, têtes hautes, et marcherez déterminées sur votre nouvelle voie, non plus résignées comme un bon petit soldat, mais heureuses, légères, libérées de votre croix. Pour le cancer, vous ne serez plus une proie, il aura disparu, il ne sera plus là, vous l'aurez tué, et cela en soi, sera un immense exploit. Vous avez l'étoffe d'un grand Roi, vous aurez gagné cette bataille de front contre lui, cet étranger qui était sans foi, ni loi.

Croyez-moi, DouceDivas.

Hommage à Vous Mesdames

Mes hommages Mesdames,

Quoi qu'il en soit, où que vous soyez, quoique vous fassiez, vous avez lutté, sorti vos griffes, livré batailles maintes fois. Vous êtes aussi parfois descendues aux enfers les plus bas. Pour cela, vous avez l'âme et la prestance d'une grande cheffe qui a connu les vrais combats. Vous méritez Force et Respect, je vous le dis à haute voix, vous êtes de grandes dames.

Je m'incline personnellement : « bravo » et « chapeau bas ».

Sans oublier,

hommage dédié aussi, à toutes celles qui malheureusement ne sont plus là, plus sur cette terre physiquement.

Que ces mots leur parviennent dans le repos de l'au-delà.

Quelques mots pour le soir

Croyez en vos rêves, ils se réaliseront.
Croyez en l'Amour, toujours,
Il illuminera de bonheur, vos jours.

Envoyez vos pensées dans l'univers,
Elles sont la source de vos réalisations.

Ne doutez jamais de vous, de vos capacités,
Et vous inventerez votre futur.

Ne laissez jamais personne vous sous-estimer.

Remerciez toujours vos guides de leur aide.

Construisez votre bonheur,
Vous en êtes l'auteure.

Votre foi est votre ardeur.

Rires et pleurs

« Jean qui rit, Jean qui pleure, c'est la fête du ramoneur ». Ainsi sont nos vies, parfois pleines de noirceurs, d'autres fois pleines de douceur et de bonheur. Trouvons la lumière qui éclairera nos pas pour fuir les ténèbres, loin de toutes douleurs, de tous désarrois. Nous avons encore des choses à faire sur cette terre. Si vous en doutez, cherchez bien au fond de votre être. Cherchez-vous. Trouvez votre voie. Retrouvez le soleil qui luit au-delà de votre fenêtre. Attrapez-le à bout de bras. Inondez-en votre « Moi » pour qu'il rayonne en vous et autour de vous, et qu'il guérisse votre corps de haut en bas.

La première place

Restez à la première place. Ne laissez pas cet étranger envahir votre espace. Si malgré tout, tel un rapace, il entre, il passe, regardez-le dans les yeux, face à face, avec un regard de glace. Gardez bon pied, bon œil, sur votre territoire. A sa découverte, à la lecture d'un contrôle sous vos mains, ou dans votre miroir, trouvez les stratagèmes pour l'éliminer de votre corps, de votre tête, de votre regard. Cherchez l'Espoir enfoui dans le noir d'un tiroir. Coupez-lui le sifflet au rasoir. Tranchez-lui la vie au hachoir. Dites-lui adieu, au revoir. Envoyez-le par la sortie la plus courte, en passant par le bon couloir, celui qui l'éjectera loin de votre corps, de votre histoire, avec de l'aide vous en avez le pouvoir. Il vous a entraînées dans le désespoir, vous vous êtes isolées dans votre solitude au cœur de votre manoir. Aujourd'hui qu'il est passé à l'abattoir, séchez vos larmes dans un délicat mouchoir. Changez sur votre vie, votre regard. L'existence vous attend, il n'est pas trop tard.

Ce ne sont pas des mots de bavarde, vous pouvez me croire.

La chaleur de l'âme

Pourquoi rester prostrée sur soi, recroquevillée, repliée ? Fuir cet univers de glace. Sortir de cet état de congélation où la raison n'a plus sa place, où l'esprit n'est que divagation. Chercher la chaleur, le feu qui réchauffe le corps, l'âme, ravive la flamme qui redonne la vie, loin de ce mauvais jeu. Croire en la guérison, changer de vision, être forte, être coriace, mais en toute grâce. Créer son univers tel un palace, redonner de la couleur aux émotions, s'entourer de douceurs, d'orange camaïeu, d'Amour, s'éloigner de ce drame et regagner le statut de femme, gagner le combat, c'est mon vœu le plus cher pour vous toutes.

Il y a des matins

Il y a des matins,
Des matins pourris où l'on déteste la vie,

Des matins solitaires où l'on aimerait rentrer sous terre,

Des matins chagrins, des matins vilains,

Des matins coquins, des matins aux jeux de mains,

Des matins câlins, des matins divins,

Des matins malins, des matins de bonheur peint,

Des matins fougueux, des matins heureux,

Des matins soleil où chaque instant n'est que merveille,

Des matins Amour, tellement Amour
Que l'on aimerait qu'ils durent toujours.

Des matins dans tes bras aux mille éclats,
Ce sont les plus beaux matins.

N'oubliez pas vos délicieux matins,
Ils vous aideront à traverser vos matins chagrins.

Réflexions

Soignées au cœur des mains de la médecine, pourquoi ne chercherions-nous pas aussi, des réponses en nous. Ouvrons notre cœur. Écoutons notre petite voix. Suivons notre intuition. Soyons attentives au langage de notre corps. Dans l'histoire d'un cancer du sein, que nous raconte-t-il ? Quel message nous transmet-il ? Une histoire de féminité ? Les réponses de nos guérisons seraient-elles enfouies au fond de nous ? Serions-nous notre propre médecin, notre propre thérapeute ? Serions-nous notre propre thérapie, notre médicament ? Peut-être. Mais, si tel est le cas, aujourd'hui, nous avons perdu les modes d'emplois.

Une solution : les retrouver, les expérimenter, les démontrer, les prouver, pour les réécrire. Qu'en pensez-vous ?

Ne plus « être », et « être » une Femme

Dans le cancer du sein, que signifie cette mise à terre de la féminité, de la sensualité ? Dans quelle mesure, le cancer du sein n'aurait-il pas une grande part psychologique d'une remise en question de la féminité à un instant « T » de la vie, à un instant où la femme ne se sent plus femme, ou se sent moins femme, lors d'une période de maternité, ménopause, deuil, divorce, âge, solitude, ignorance d'un mari, d'un conjoint ou d'un copain, mal être sexuel ? Il y a matière et urgence à s'interroger sur cet aspect de la maladie. Dans ce monde où la femme, en jouant des coudes, veut faire sa place en tant qu'être, en tant qu'identité, la vie l'atteint dans ce qu'elle a de plus féminin, les seins. Dans ce monde, où le visuel et l'esthétique sont des critères très importants, étonnamment, dans cette tranche de vie de la maladie, pour gagner sa guérison, tout concorde, pour qu'elle perde esthétiquement, tous ses attributs féminins, sa sensualité :

1. à travers les traitements, perte des cheveux, (symbole féminin, érotique et sensuel) mais aussi la perte des cils, des sourcils qui façonnent les traits d'un visage

2. à travers les chirurgies, perte d'un ou des seins, ou d'une partie d'un sein (symbole de la féminité, de la sexualité, de la maternité)

Quelles interprétations en donner ? Quelles conclusions en tirer ? Simples hasards ?

Pour les aider à se réconcilier avec leur image et à se sentir plus sûres d'elles, il existe des ateliers beauté dans les hôpitaux, des boutiques dans certaines villes, où l'on trouve des produits adaptés, mais aussi des livres et des méditations. Les cours de relaxation, le yoga ou le chi gong apportent détente et exercices en douceur. Des séances de maquillage sont aussi proposées. Tout est fait pour favoriser la sérénité des femmes touchées, pour les aider à retrouver estime et féminité. Je salue au passage ces merveilleuses et plus que nécessaires initiatives de notre temps. Merci Mesdames qui en êtes les instigatrices.

Mais où en sommes-nous, de la recherche intérieure de l'existence de la féminité, de la sensualité, de la sexualité lors de ce périple ? Et si-là, étaient les réponses à ce fléau. Un point supplémentaire, sur lequel nous devons sérieusement, toutes nous pencher, pour encore mieux guérir. Qu'en pensez-vous ?

Croyances, positions

Quoiqu'il en soit, nous vivons toutes dans nos croyances, nos positions. Nous avons toutes, nos réflexions, nos interrogations. Nous cherchons toutes, nos propres réponses, en fonction de notre conscience, de notre évolution, de notre éducation, pour nous dégager de cette grande toile d'araignée, au milieu de laquelle nous sommes dans cette période, emprisonnées. D'ailleurs, par où cet étranger est-il entré ? Pourquoi et comment sommes-nous tombées dans ses filets ? A chacune, de nous frayer un chemin, pour sortir des mains de ce vilain et retrouver la santé enfin. Je sais bien, ce n'est pas vain.

Croyez-moi, il fera à nouveau très beau, demain.

La Victoire

Grimpons, grimpons,
Tout au sommet du Mont,
Pour atteindre la victoire.
Ce n'est pas illusoire.
Allons,
Osons nous y aventurer, avec force et conviction
Et nous gagnerons.

Des pétales d'Amour

Lettre ouverte à vous Mesdames, qui êtes spectatrices

Si dans votre entourage, une femme vient malheureusement de subir une ablation et que vous la côtoyez pour une journée ou une soirée :

— n'arborez pas un décolleté provocant. Cela peut être blessant pour elle
— ne posez pas vos yeux avec insistance, par curiosité, sur sa poitrine.

Soyez solidaires et compréhensives.
Nulle ne sait de ce que demain sera fait.
Regardez-la dans les yeux en parlant. Elle a besoin de soutien, de confiance, d'être considérée comme une femme normale, tout simplement.

Attention à Monsieur Soleil

Soleil, soleil, tu es lumière de nos vies. Grâce à toi, tout sur cette terre grandit. Tu nourris nos esprits. Tu chasses tous nos ennuis. Tu triomphes des tempêtes et de la pluie. Avec toi, tout devient plus « easy ». Dans le yin et le yang, tu es le complément de la nuit. L'hiver, ta chaleur est au mini. L'été, au contraire, tu chauffes au maxi. Pour nous les femmes, tu es un plaisir, une gâterie. Sur la plage, tu colories tous nos plis, jusqu'aux plus petits. Pour avoir un teint halé, nous mettons ce prix, des heures à griller sous tes yeux, comme un poulet rôti. Tu ne veux pas nous créer d'ennuis, mais il faut dire qu'aujourd'hui, tes rayons fuient et peuvent nous provoquer tant de maladies. L'expérience et le temps nous ont montré que tu pouvais être notre ami ou notre ennemi. Nous avons donc choisi et appris à préserver nos corps et surtout nos seins, en restant à l'abri, en nous allongeant à l'ombre, sous un parasol fleuri ou assise sous une terrasse couverte, en dégustant une glace aux myrtilles. La sagesse l'a emporté sur nos folies.

Je nous souhaite à toutes, et à toi aussi, longue vie.

Petits haïkus façon DouceDiva

Il a plu avant,
Souvent, si fort sur vos vies.
Riez à présent.

Demain, il fera jour

Douleurs, peines,
Demain, il fera jour.
Soyez-en certaines.

Respire

Fuis le bruit,
Pose-toi sur la branche,
Et respire la Vie.

Témoignage vivant de mon Amie MiJo
Ses Mots secrets en cadeau,
offerts pour Vous Toutes

« À CŒUR ET À CRIS »

Voilà pour toi Claudine et pour Vous Autres… cette lettre qui n'a jamais été donnée aux principaux intéressés (mes enfants et mon mari) … cette lettre que j'avais besoin d'écrire fait partie, comme pour toi, d'un livre que j'ai dû écrire… c'était ma thérapie… pour cette épreuve et pour d'autres… Cette lettre a été écrite maintenant il y a plus de 13 ans et, je suis toujours là… et comment !!! Personne ne peut deviner… je suis la vie… la maladie fait partie de ma construction… et vous aussi vous y arriverez.

« Je voudrais vous dire que je n'ai pas peur. Je ne tremble pas tant pour moi que l'on pourrait l'imaginer, mais… pour vous. Est-ce si présomptueux, de ma part, de me croire si importante, pour vous, que mon absence pourrait vous blesser ? Je crois que non. Je ne veux en rien bousculer l'équilibre de votre croissance, de votre avenir, mais aussi, déjà, de votre présent. Je ne veux en rien te compliquer, t'assombrir l'existence. Est-ce que le fait, un jour, de m'avoir rencontrée, t'aura apporté assez de Bonheur pour te faire supporter tous les chagrins que je t'ai causé. Et, vous, vous n'avez rien demandé, et que comprenez-vous à tant de tumulte ? Pour l'instant, tant bien que mal, nous avons su vous épargner le pire et vous avez grandi heureux, épanouis, mais nous étions là, unis et forts, avec un avenir devant nous à défendre. Je vous aime tant, tant que lorsque j'y pense, vraiment, ce n'est pas tant à la souffrance par laquelle je vais peut-être devoir passer qui me rend triste, mais à ces moments simples et heureux, d'un foyer harmonieux, desquels je ne veux pas être absente. Je ne veux pas partir. J'ai encore tant de choses passionnantes à faire, tant d'Amour à vous donner, tant envie de vous voir vivre. Là, je m'épanche, c'est peut-être le seul moment, depuis le résultat de l'examen, où je vide mon cœur et surtout mon esprit, sans m'en rendre compte. Ce geste m'est nécessaire, c'est une thérapie pour moi. Mais il ne faut pas croire, en dehors de ces moments, je suis heureuse, insouciante, et, j'arrive à ne pas penser à tout cela, ou presque. J'ai appris, au fil des ans, à ne plus anticiper, ne plus mettre la charrue avant les bœufs. Alors, avant qu'un diagnostic concret ne tombe, je n'y crois pas. L'autruche, en quelque sorte ! Apparemment, je ne pense en permanence, que superficiellement, cela m'aide, depuis des années, à supporter toutes les épreuves, à les prendre de front, quand elles arrivent, mais à ne pas me pourrir la vie à les imaginer avant. Seulement, lorsque j'ai un nœud qui se forme au fond de la gorge, que je n'arrive pas à l'expliquer, j'ai une furieuse envie de papier et d'un crayon. Et, là, devant ma feuille blanche, que je crois ne pourvoir noircir, je vois mes pensées profondes s'y inscrire, avec une facilité et un débit limpide. Je ne réfléchis pas, j'écris. Et tous mes tourments passent de mon esprit à mon bras, puis à ma main, et enfin au stylo qui noircit le papier. Lorsque le nœud est trop douloureux, je m'arrête d'écrire et je relis et, là, je pleure. C'est donc cela à quoi je pense au fond de moi ? Là, ici, maintenant, honnêtement, je ne sais pas quoi penser des futurs résultats. Je ne sais pas si j'espère encore, farouchement, que ce soit négatif, tellement c'est une évidence pour moi, et que c'est pour cela que je le prends si bien. Ou bien, que l'annonce de la première interprétation a fait son chemin et s'est installée, bien profonde, au fond de moi, et que je sais déjà ce par quoi je vais devoir passer, et que j'y suis si préparée, que personne ne s'apercevra à quel point je souffrirai. Je ne comprends pas d'ailleurs comment j'agis au quotidien, quel flux me pousse à sourire, rire, plaisanter et rassurer les autres. Et je ne me force pas, pas du tout. Juste un peu de panique, tu me prends dans tes bras un peu plus câlinement que d'habitude, et que tu me serres contre toi, un peu plus fort aussi…

Mais là, réside sûrement mon Énergie, dans nos étreintes, dans notre Amour… »

MiJo 2008

La force de l'Amour

Très beau témoignage vivant masculin,
d'un mari, lors du combat de la maladie
de sa Femme Chérie

« Pour moi, homme d'une femme atteinte d'une tumeur bénigne il y a 10 ans et d'une tumeur maligne il y a un an avec ablation partielle de ce sein, je crois que la première des choses en tant que mari, c'est de l'accepter, de l'accompagner, de suivre avec elle les différentes étapes de cette longue chevauchée de l'opération à la chimio, en passant par les rayons. En se faisant soutenir par son conjoint et ou ami, une grande partie de la guérison est déjà en route. On a TOUT fait ensemble et cela a parfaitement réussi. Je suis fier d'elle ; elle a su supporter avec courage cette épreuve malgré une greffe de reins il y a 13 ans. Oh je sais : les filles, les seins, c'est la Féminité même, mais si la maladie en a décidé autrement… on l'a acceptée et on en est fier ; pour le reste on fait de notre mieux et notre amour (29 ans de mariage) n'a pas subi de changement au contraire c'est une épreuve qui nous a unis, réunis, qui a scellé nos liens respectifs. »

Je souhaite beaucoup de courage et une bonne Guérison à toutes les Femmes malades de ce fléau.

Jean-Georges
2008

Un autre regard sur les seins
Interview auprès d'amis masculins

Les prochains articles parlent toujours de féminité, des seins.

Sujet vu et exprimé par d'autres yeux,
d'une manière plus générale, très intime.
Merci à tous mes amis de vous être confiés.

Un peu de fraîcheur

Que représentent les seins pour toi ?

REGARD 1

« C'est par excellence le symbole nourricier de la maternité mais aussi de la féminité en général. C'est encore plus vrai dans notre culture basée sur l'image où le sein est mis à toutes les sauces publicitaires. Il complète les courbes qui font les femmes et les transforme en des paysages paisibles où l'on aimerait se promener. Le sein caché mais entre aperçu, ou deviné, est encore plus attirant que le sein nu car il invite au voyage, mais que cache donc ce promontoire ? Une terre à conquérir ?

Mamelon est aussi un terme topographique… »

Jean-Philippe B.

REGARD 2

de Brazzaville

La poitrine d'une Femme

« Monts délicatement posés sur une merveilleuse vallée, ce don du ciel nourrit l'imaginaire et offre à celui qui s'en donne la peine, une source inépuisable de symboles et de vie.

Ces monts, si délicatement posés sur cette vallée qui nous envoûtent sont le prolongement de la Femme, qui, par cette symbolique nous rappelle au quotidien d'où nous venons.

Nous aimons à les contempler longuement et nous amusons de leur douceur, leur sensualité. Ils sont sensibles et aiment à le montrer, en faisant deviner leur humeur du moment, au travers d'un chemisier soyeux ou d'un simple tee-shirt délicatement posé sur eux.

Mais ils sont également la représentation de ce que l'épaule rassurante est à l'homme.

Où partons-nous nous réfugier, nous, si grands, si forts et indestructibles de virilité lorsque les choses tournent mal dans notre vie ?

N'est-ce pas là, le plus bel endroit du monde dans ces moments pénibles ?

Ne sentez-vous pas ce cœur battre et cette douceur à ce contact vous envahir, comme l'enfant que vous étiez et qui se réfugiait contre eux pour se rassurer ?

Ils sont à mes yeux le symbole de la vie, de l'Amour, de la joie et des peines.

Pour moi, ils sont ancrés en mon âme et je leur rends hommage par ces quelques lignes, ainsi qu'à Vous, les Femmes, qui les portez de si belle manière. »

Olivier RUDOLF

REGARD 3

Regard intime d'un Homme de la jeune génération

Lorsque…

« Quand mon regard parcourt les montagnes, je m'évade de ma prison mentale, de mon bagne…

Quand le soleil éblouit ces collines, mon esprit flirte avec le haut de la cime ! Regard bref, dans la rue, à l'insu d'une belle inconnue ; regard assumé devant ma bien-aimée ; et dans l'intimité, regard charmeur de la Femme, retour à l'envoyeur ; Femme, tu te laisses contempler par moi le Contemplateur ! Quand les fantasmes fusent, l'imagination prend de l'ampleur ! Parmi les moments de l'Amour, un des meilleurs ! Quand mon regard parcourt les montagnes, je m'évade de ma prison, de mon bagne… Le sein de la Femme est la première tétine de l'Homme, voilà pourquoi cette Dame est Fontaine de Jouvence pour nos gênes ! Chez les Anciens, le sein de la Femme représente l'Intérieur, voilà pourquoi notre ardeur cherche l'Équilibre dans cette Douce Pudeur… !

Quand mon regard parcourt les montagnes, je m'évade de ma prison, de mon bagne…

Quand mes doigts effleurent ses Hautes Sphères,

Je sais que toute chose vivante contient Dieu, contient Lucifer… ! »

Homa NONYM

REGARD 4

« Incarnations des attributs de la Féminité par excellence, symboles de séduction féminine. »

F. M.

REGARD 5

Seins, une belle gourmandise

« Objet de convoitise, un délice que nous apprécions telle une friandise. Une partie du corps que nous aimons choyer, dorloter, croquer, sucer. Vous nous faites tourner les têtes. Mis en valeur par un décolleté ou cachés, tout dépend de l'humeur du jour, l'Amour n'a pas d'heure. A ta vue, je ne peux résister. A regarder ou à te toucher, dissimulés ou mis à nu… source de passions, de fortes émotions… Ton goût est parfois salé, dû à la sueur… Pour moi tu es une liqueur à la saveur sucrée… Comme l'alcool tu montes au cerveau, nos corps deviennent chauds. Blancs, ivoire, cuivrés, noirs… Peu importe ta couleur, à ta vue, je suis toujours de bonne humeur. »

Rodolphe B.

L'existence de notre Être

Nous sommes tous en quête de réalisation de notre propre existence au cœur des autres. Si nous trouvons notre place, un sens à notre quotidien, nous pouvons vivre en harmonie, ensemble, à l'écoute, et participer à cette grande conscience universelle, inconnue, qui nous relie Tous. Nous nous promenons sur les chemins de la vie, toujours en formation, parfois indécis, aux croisements, aux intersections, parfois sûrs de nous, comme poussés par une force invisible grâce à laquelle rien ne nous arrête, confiance coulant dans nos veines, une nourriture inexplicable, une clairvoyance qui nous donne des ailes, nous dépoussière de nos vieux bagages, de nos doutes, et nous propulse vers plus de lucidité, vers la lumière, loin de tout jugement.

Les événements difficiles de la vie sont là, tels des phares guidant les bateaux, pour nous éclairer. Bien souvent, nous les accusons à tort, de pourrir notre quotidien. Et pourtant, nous devons plutôt les remercier. Nous constatons parfois, à posteriori, que grâce à eux, nous avançons. Les choses n'arrivent pas par hasard, elles ont une signification. Sachons les accepter, les intégrer, les évaluer, et les comprendre. Pas de méthode, pas de procédure, pas de mode d'emploi, cherchons, écoutons notre petite voix.

L'intuition et diverses thérapies peuvent nous y aider : la pensée positive, la sophrologie, l'acupuncture, la naturopathie, le magnétisme, la médecine chinoise, le reiki, les massages, mais aussi, la méditation, le théâtre, la danse, le chant, le yoga… pour ne citer que les plus connues. En libérant, équilibrant nos énergies bloquées, en ouvrant notre corps, en apprenant à lâcher nos peurs, nos yeux s'ouvrent, notre regard change, notre vie change, nous devenons un être complet.

Saupoudrons nos jours de douceur, de couleurs, de rires, d'Amour, et devenons cet être accompli auquel nous aspirons tant. Plus facile à dire qu'à faire ? Peut-être, mais testons-le ! Et racontons-nous, l'aventure de notre existence, si vous le voulez bien.

Nouvelle chirurgie, quelle belle aventure

printemps de l'An 2021
Reconstruction mammaire naturelle
par « minidorsal lipofillé »

Le temps file et fond comme neige au soleil. La cohabitation pendant 15 ans avec les prothèses s'est très bien passée. Le corps les a bien accueillies, acceptées toutes ces années. Ce fut un beau partenariat, très agréable, loin de la maladie. Le temps est maintenant venu de les enlever. Il faut parfois s'obliger à sortir de notre quotidien pour avancer. Toujours pleine d'Espoir, accompagnée de mon Optimisme et l'Amour de mon chéri, de mes enfants, de mon petit-fils, de ma famille, de mes ami(e) s, je repars confiante, pour un nouveau modelage. Mon chirurgien Dr Calderoli est depuis plusieurs années en retraite. Rendez-vous pris avec Dr Piat de l'Institut du Sein à la clinique Rhéna à Strasbourg. A mon grand étonnement, il me propose une nouvelle technique mise au point ces dernières années, par lui et ses équipes ; une reconstruction mammaire naturelle par le « minidorsal lipofillé », chirurgie peu douloureuse et beaucoup moins invasive que les chirurgies plus anciennes par lambeaux libres. Cette technique est particulièrement adaptée après une ablation à la reconstruction immédiate, (la patiente se réveillant avec un sein déjà reconstruit) avec une très bonne tolérance du lambeau à la radiothérapie, si besoin. Moins de traumatismes psychologiques et physiques liés à l'ablation. Les femmes n'ont pas le sentiment d'avoir été amputées du sein. Quel soulagement.

Méthode adaptée également pour remplacer les prothèses posées auparavant, tel est mon cas aujourd'hui. Seules conditions, avoir de la « matière » dans le corps, pour reconstituer le sein.

L'hospitalisation ne dure que trois à quatre jours. Cette technique a été imaginée dans un souci constant d'améliorer les résultats de la reconstruction mammaire, en la rendant plus naturelle et plus simple, tout en diminuant les séquelles liées à la chirurgie. Elle donne par ailleurs un résultat naturel et stable dans le temps.

Après quelques semaines, des actes de kinésithérapie spécialisés (RKS) permettent une bonne récupération dans le temps. Ces kinés sont de merveilleuses accompagnantes, tant sur le plan physique (drainage, assouplissement des tissus, des fascias, amplitude jusqu'aux épaules) que psychologique, grâce à leurs conseils. C'est une aide complémentaire après les opérations. Récemment mises en place, ces séances ne sont pas encore très connues. Renseignez-vous auprès de vos médecins, de vos chirurgiens, un annuaire existe.

Je suis juste après, en convalescence, et tout se passe bien, crescendo, tranquillement. Patience et repos recommandés. Je suis ravie. Il faut attendre plusieurs mois pour voir le résultat final. Puis, pour peaufiner, une reprise en chirurgie ambulatoire terminera la reconstruction avec un mamelon confectionné et un tatouage de l'aréole. Au besoin, le chirurgien en profitera pour rajouter de la graisse de liposuccion.

Quant au sein en bonne santé, la prothèse de rajout a été enlevée. Fort heureusement, elle était en limite de rupture.

En post opératoire, il ne faut pas négliger le repos, car nos cellules œuvrent essentiellement sur la partie opérée. On parle bien, à raison, de reconstruction.

Pour assouplir les tissus, l'ostéopathie, la sophrologie, peuvent compléter la récupération post opératoire. J'y rajoute personnellement, énergétiquement, des séances de magnétisme. Et voilà, le tour est joué.

Je vais à nouveau avoir un sein souple et vivant, constitué de mes propres tissus. Je ne l'avais plus envisagé sous cet angle depuis 16 ans. Quelle incroyable et merveilleuse surprise.

Merci à Dr Piat, Dr Ho Quoc et leurs équipes, tout le personnel, pour leurs accompagnements, leurs disponibilités, leurs écoutes, leurs professionnalismes, en matière de soins, de chirurgies et de féminité.

Ils sont d'une grande transparence, d'une grande confiance. Ils embellissent nos vies et nous reconnectent à notre santé vitale.

FORCE ET ALLURE

« Lorsque la vie ne t'épargne pas, garde la foi en toi
Et n'oublie pas,
Tu as l'étoffe d'un grand Roi
Et tu triompheras,
DouceDiva »

DES MOTS D'ESPOIR À LA VOLÉE

« À la volée, semons, chacune à notre façon, les mots d'Espoir.
Ne les laissons pas enfermés dans un grimoire,
Sur une écritoire,
Ou cachés au fond d'un tiroir.
Le monde doit sortir du noir »

SOURCE DE VIE

« Laissez couler vos larmes de chagrin,
Ne les séchez pas seules dans un coin,
Transformez-les en gouttes d'Espoir »

À vous toutes Mesdames

« Nous vous tendons nos mains,

Pour vous aider
À guérir vos seins,

De tous les maux malins »

Mes couleurs d'automne 2021

Sentir sous mes mains, un vrai sein naturel, vivant entièrement, exalte mes sens et enchante toutes mes cellules, jusqu'à remodeler ma silhouette complètement, apaiser mon âme sereinement.

Mon corps a désormais, grâce à la dernière chirurgie, réinventé une nouvelle symphonie « savante » qui enchante ma vie.

Ses notes de musique dansent sur une partition parfaite et harmonieuse qui me réaligne à la Féminité.

Un triomphe personnel que je savoure, secrètement, chaque instant.

De ces pages, mon bâton de pèlerin à la main, je continue à semer les graines d'Espoir, d'Optimisme et d'Amour, sur tous les chemins et … dans toutes les poches. A chacune, chacun, de les faire germer et grandir, à son rythme, selon le métronome de sa vie.

Merci, chères lectrices, chers lecteurs,
de vous être posés,
dans des allées colorées de mon jardin.

A vous rencontrer, avec plaisir,
un jour, peut-être, autour d'un café ou d'un thé,
au gré du temps et du vent, sur une terrasse.

Claudine Maire